Der Mythos Che Guevara

Sein Werk und die Wirkungsgeschichte in Lateinamerika

von

Sebastian Hergott

Tectum Verlag
Marburg 2003

Hergott, Sebastian:
Der Mythos Che Guevara.
Sein Werk und die Wirkungsgeschichte in Lateinamerika.
/ von Sebastian Hergott
- Marburg : Tectum Verlag, 2003
ISBN 3-8288-8498-9

Tectum Verlag
Marburg 2003

Inhaltsverzeichnis

A. Präsentation der Arbeit

1. Hinführung an den Themenkomplex

„El Che vive!" – „Der Che lebt!", stand an Hauswänden in Buenos Aires geschrieben und Zeitungsstände verkauften Postkarten und T-Shirts von Che Guevara. Diese Beobachtungen, welche ich im vergangenen Jahr, während meines Praktikums in Buenos Aires machte, waren Anlass für mich, mich näher mit Che Guevara zu beschäftigen. Wer war diese Person, die angeblich „Trotzkist, Maoist, ein marxistischer Häretiker, ein kommunistischer Robin Hood, ein roter Pyromane, ein anarchistischer und militanter Träumer, ein linksradikaler Idealist" war und noch dazu den Namen eines Heiligen erhielt?[1]

Meine unzureichenden Kenntnisse über ihn ließen zunächst keine Verbindung mit Argentinien erkennen. Bald schon wurde mir jedoch klar, dass nicht nur eine Verbindung zu Argentinien, welches das Geburtsland von Che Guevara ist, sondern eine Verbindung zu ganz Lateinamerika besteht. Mir wurde bewusst, dass man Che Guevara als Person und damit verbunden auch seinen Mythos, nicht verstehen kann, ohne den Blick auf Lateinamerika zu richten. Zugleich schien dieses Thema ungemein aktuell. Auch 35 Jahre nach seinem Tod schien der Mythos Che Guevara zu leben. Warum?

Bei der Beantwortung dieser Frage sind verschiedene Gesichtspunkte von Interesse. Zum einen sein schriftliches Werk, welches in der politischen Theorie seinen Einschlag wiederfindet, zum anderen Che Guevara als Mythos selbst, der wiederum von der Mythentheorie seitens der politischen Theorie aufgearbeitet werden kann. Der Mythos Che bietet daher eine gute Möglichkeit das lateinamerikanische Wesen besser zu verstehen und umgekehrt bietet das lateinamerikanische Wesen die Möglichkeit, den Mythos besser zu verstehen. Da es hierbei mein Bestreben war, mehr über das Lateinamerikanische zu erfahren, wird diese Arbeit den Schwerpunkt auf Lateinamerika legen. Damit soll der Mythos Che Guevara vor einem lateinamerikanischen Hintergrund betrachtet werden. Nicht betrachtet wird

---

[1] Holtz, Eckhard-Uwe: Menschenbildes, 1998. S. 76.

hierbei der westliche Hintergrund, etwa die Wirkung Che Guevaras in der Bundesrepublik Deutschland, in den USA, Frankreich, oder seine Rezeption in anderen Teilen der Welt.[2] Diese Facetten seines Mythos sind äußerst interessant, jedoch für die vorliegende Arbeit nicht von Interesse. Damit wird dieser Teil der Wirkungsgeschichte Che Guevaras ausgespart und lediglich auf die lateinamerikanische Wirkungsgeschichte eingegangen.

Der Arbeit liegt die These zugrunde, dass der Mythos Che Guevara sich nur aus einem kulturtheoretischen Kontext heraus verstehen lässt, nämlich aus der lateinamerikanischen Sicht heraus. Aus dieser Sicht war das Leben Che Guevaras geprägt von einer Identitätssuche, zum einen seiner selbst, als aber auch für Lateinamerika. Die Frage nach der Aktualität Ches ergibt sich aus dieser These, da Lateinamerika noch nicht am Ende seiner Identitätssuche angelangt ist.

2. Vorgehensweise

Um diese These zu belegen und zu unterstützen wird in einem ersten Hauptteil zunächst auf die Probleme interkulturellen Verstehens eingegangen. Dies ist in der vorliegenden Arbeit insofern relevant, da die Arbeit aus einem europäischen Hintergrund geschrieben wird und eine lateinamerikanische Problemstellung bearbeiten will.

Im Weiteren wird auf die Mythentheorie eingegangen werden. Der Mythentheorieteil setzt sich zusammen aus einer Vielzahl von wichtigen Aspekten zum Thema Mythos. Dabei soll in dieser Arbeit keine in sich geschlossene Mythentheorie vorgestellt werden. Vielmehr werden aus verschiedenen Mythentheorien jeweils die für die vorliegende Arbeit bedeutenden Teile herangezogen. Damit wird der Mythentheorieteil ein Verquickung verschiedenster Teile der Mythentheorie darstellen, um so in einem zweiten Teil, anhand des Beispiel Che Guevaras, diesen Mythos erklären zu können.

---

[2] Hier sei als eines von vielen Beispielen Afghanistan genannt, wo Osama Bin Laden als „Che des Islam" bezeichnet wurde.

In diesem Mythentheorieteil wird zunächst der Mythos als in einer Kulturtheorie eingebettet verstanden werden. Aus der kulturtheoretischen Sicht heraus kann der Mythos dabei als ein Narrationssystem erklärt werden, in der weiteren Fortführung dann als ein Zeichensystem, dessen sich die Beteiligten bedienen, um in die Kommunikation mit dem Mythos zu treten. Damit verbunden ist immer eine bestimmte Funktion, die der Mythos übernimmt. Diese Funktion lässt sich an zentraler Stelle dieses Mythentheorieteils anhand des politischen Mythos, der für die vorliegende Arbeit von besonderem Interesse ist, erklären. Eng mit dem politischen Mythos ist die Heldentheorie verbunden, die sich im Anschluss anfügen lässt. Mit ihrer Hilfe kann der Mythos „Che" anschaulich erklärt werden.

Während für die Erarbeitung des politischen Mythos vorwiegend Rudolf Speth, Murray Edelman sowie Andreas Dörner herangezogen wurden, ist für den Mythos als Zeichensystem Roland Barthes maßgebend. In der Heldentheorie ist maßgeblich auf Joseph Campbell und Sidney Hook zu verweisen, auf die sich die Arbeit stützt.

Ebenfalls innerhalb des ersten Hauptteils findet sich ein Teil über Lateinamerika, in dem wichtige Anmerkungen in Hinblick auch auf Che Guevara gemacht werden. Diese Anmerkungen können nicht den Anspruch erheben, ganz Lateinamerika zu erklären, oder gar ein Bild der Gedanken und Ideenwelt Lateinamerikas wiederzugeben. Gleichwohl jedoch liefern sie einige wichtige Aspekte zum Verständnis dieser Arbeit.

In einem zweiten Hauptteil dieser Arbeit wird das Theoriegebäude des ersten Teiles, anhand des Beispiels Che Guevara, mit Leben gefüllt. Hier geht es zunächst einmal um die Person Che Guevaras selbst. Durch eine kurze Darstellung des Lebenslaufes soll eine Grundlage geschaffen werden, um den Mythos Che Guevaras verstehen zu können. Zur Darstellung des Lebenslaufes wurde vor allem die Biographie von Jon Lee Anderson sowie die Kurzbiographie, aus der Reihe der Rowohlt-Monographien, von Elmar May herangezogen. Die meisten Biographien sind in Bezug auf die konkreten Daten über Che Guevaras Leben einheitlich, so dass diese beiden Biographien als Hauptquellen für Ches Lebenslauf ausreichend sein mögen.

Es folgt eine Untersuchung des Werkes Ches im Sinne des schriftlichen Werkes. Hier sei vor allem auf Roberto Massaris Buch „Politik und

Utopie" verwiesen, in dem sich eine hervorragende Einführung in die Gedankenwelt Che Guevaras wiederfindet.

In einem dritten Abschnitt des zweiten Hauptteils geht es dann um den Mythos Che Guevara selbst. Was den Mythos und die Rezeptionsgeschichte Che Guevaras betrifft, so ist die Literatur vielfältig in Deutungsrichtung und Herkunft. Wenngleich hier unterschiedliche Deutungen aufeinandertreffen, so ist die Herkunft der Literatur insofern nicht relevant, da der Mythos „Che", als Mythos an sich, wie noch zu zeigen sein wird, immer etwas Positives bleibt, d.h.: ein Positivum im Sinne als der Kritik enthoben. Wenn also der Mythos etwas Positives ist, so bleibt auch die Herkunft der Quelle unbedeutend. Nichtsdestotrotz wird auf die verschiedenen Herkünfte hingewiesen werden, die vor allem im Zuge der Auslegung seines Mythos entscheidend sind. Denn erst die Auslegung des Mythos erlaubt die Politisierung des Mythos.

3. Problemstellungen während der Arbeit

Während der Bearbeitung der vorliegenden Arbeit ergaben sich einige unvermeidliche Probleme, zunächst ist dem Anspruch der Arbeit selbst. Um die Fragestellung aus lateinamerikanischer Perspektive betrachten zu können, wurden von mir zwei Auslandsreisen, zum einen nach Argentinien und zum anderen nach Kuba, durchgeführt. Bei beiden hatte ich die Gelegenheit, mit Personen zu sprechen und Interviews zu führen. Diese sind dem Anhang beigefügt.

Hier jedoch ergab sich eine erste Problematik. Aufgrund der kurzen Zeitspanne, war es nicht möglich, all die Personen, von denen ich Adressen hatte, auch zu treffen. Dies trifft insbesondere auf die Tochter Che Guevaras, Aleida Guevara zu, die zum Zeitpunkt meines Besuches auf Kuba selbst auf Reisen war. Bedingt durch die Tatsache, dass das Internet in Lateinamerika bisher nur geringe Verbreitung gefunden hat, war es nicht möglich, weiterhin Kontakt zu halten, da eine briefliche Korrespondenz innerhalb der Bearbeitungszeit nicht zu bewältigen gewesen wäre. So stehen bis heute noch zugesicherte Antworten auf abgeschickte Briefe, etwa von Alberto Granado, dem ehemaligen Freund Ches, oder Ernesto Cardenal aus. Es bleiben zwei Interviews, die ich der Verwertung zuführen konnte: das Interview mit Eduardo Rabossi aus Argentinien sowie das Interview mit Froilán González Garcia aus Kuba. Anhand beider Interviews lässt sich jedoch erkennen, dass der Informationsgehalt schwankend war. Während das Interview mit Eduardo Rabossi mehr als 80 Minuten dauerte, war das Interview mit Froilán González Garcia nur bedingt aussagekräftig. Dies lag nicht nur an den mangelnden sprachlichen Möglichkeiten,[3] sondern auch an einer Verschlossenheit des Interviewpartners; aus welchen Gründen dies so war, darüber kann allenfalls spekuliert werden. Innerhalb dieser Arbeit jedoch sollen keine Spekulationen angestellt werden, so dass auf eine eingehende Erörterung dieser Problematik hier ausgespart bleibt.

Für die Materialbeschaffung zur Themenstellung der Diplomarbeit wurde auch vor Ort recherchiert. Dabei ließ sich feststellen, dass die Recherchemöglichkeiten vor Ort sehr mangelhaft sind. Die wenigsten Bibliotheken verfügen über eine PC-Ausstattung und das Heraussuchen einschlägiger Dokumente per Hand war sehr zeitaufwendig, so dass einige Dokumente außer Acht gelassen werden mussten.

Als Fazit muss festgehalten werden, dass die Kürze der Bearbeitungszeit vor diesem Hintergrund durchaus einige unvermeidliche, wenngleich unerwünschte Einschränkungen mit sich brachte.

---

[3] Dieses Interview wurde von mir in Spanisch geführt.

B. Der Theorieteil
I. Anmerkungen zur Ethnomethodologie

1. Vorüberlegungen allgemeiner Art

Bevor sich die vorliegende Arbeit in ihrem ersten Teil mit der Mythentheorie beschäftigt, müssen zu Beginn einige Anmerkungen zur Ethnomethodologie gemacht werden, welche für das Verständnis der gesamten Arbeit wichtig sind. Dabei geht es hier nicht um eine Beschreibung der Ethnomethodologie als Wissenschaft, noch um eine ausführliche Theoriebetrachtung, wie etwa im Falle der Mythentheorien. Vielmehr geht es um eine Sensibilisierung für das Verstehen interkultureller Zusammenhänge, welche allein aus der Fragestellung dieser Arbeit zu folgern ist.

Wenn sich eine wissenschaftliche Arbeit bemüht, ein Themengebiet zu untersuchen, das Gegenstand eines fremden Kulturkreises ist, so stößt sie auf offenkundige Probleme und Grenzen. Die Frage der hier vorliegenden Arbeit beschäftigt sich mit einem Gebiet, das dem lateinamerikanischen Kulturkreis zugeordnet ist. Diese offenkundigen Probleme – interkultureller Art – sind Gegenstand der Ethnomethodologie. Zuvorderst muss jedoch geklärt werden, was mit Ethnomethodologie in diesem Sinne gemeint ist. Werner Patzelt hat eine einfache Definition für Ethnomethodologie gegeben, indem er sie als einen „Ansatz zur Untersuchung der Konstruktion sozialer Wirklichkeit" bezeichnet hat.[4] Hierzu bleiben zunächst zwei Fragen offen: Was ist soziale Wirklichkeit, und wie kann man diese konstruieren?

In diesem Zusammenhang werden die Erkenntnisse aus dem folgenden Mythentheorieteil eine Erklärung bieten, welche, vereinfacht dargestellt, lauten können: Mythen stellen eine Möglichkeit zur Konstruktion sozialer Wirklichkeit dar. Damit wird im Mythentheorieteil bereits ein Instrumentarium zur Konstruktion sozialer Wirklichkeit veranschaulicht werden. Es bleibt jedoch die Frage nach dem Wesen der sozialen Wirklichkeit bestehen.

---

[4] Patzelt, Werner J.: Ethnomethodologie, 1997. S. 11.

2. Soziale Wirklichkeiten

Was ist gesellschaftliche [oder soziale] Wirklichkeit? – Dieser Frage gehen Joachim Matthes und Fritz Schütze in ihrer Einführung des Readers „Alltagswissen, Interaktion und gesellschaftliche Wirklichkeit" nach. „Gesellschaftliche Wirklichkeit sind all die Ereignisse und Tatbestände, die das Handeln der Gesellschaftsmitglieder ausmachen und bestimmen", so Matthes und Schütze.[5] Und ähnlich bemerkt Patzelt: „innerhalb von als situativ bestehend erfahrener Wirklichkeit nehmen Menschen jeweils 'Selbstverständlichkeiten` wahr, die sich auf mögliche oder sinnvolle Sinndeutungen ihrer sozialen Wirklichkeit und auf mögliche oder sinnvolle Handlungen in ihr beziehen."[6]

Somit bezieht sich die soziale (oder auch gesellschaftliche) Wirklichkeit immer auf eine klar abgegrenzte Gemeinschaft. Innerhalb dieser bestehen gewisse *Selbstverständlichkeiten*, welche nicht weiter hinterfragt werden. Diese *Selbstverständlichkeiten* sind jene Dinge, die *jeder weiss* oder *keiner tut.*` Sie sind den Gemeinschaften inhärent. Folglich bleiben sie Außenstehenden zunächst verschlossen, und werden auch von Außenstehenden niemals gänzlich erfasst werden können. Das Vorherrschen verschiedener sozialer Wirklichkeiten innerhalb verschiedener Gemeinschaften macht das *Fremde* aus. Denn, so Brenner, „das Fremde ist Ergebnis einer Interpretation von Wirklichkeit. Jedem kann alles fremd werden."[7]

In der vorliegenden Arbeit geht es jedoch um die soziale und damit interpretierte Wirklichkeit, die sich einmal aus der europäischen Kulturgemeinschaft[8] ergibt – da aus diesem Hintergrund diese Arbeit entsteht – als aber vor allem auch um jene, welche sich darüber hinaus aus der lateinamerikanischen Kulturgemeinschaft ergibt. Die dabei auftretenden Differenzen und Missverständnisse lassen sich aufgrund der erwähnten *Selbstverständlichkeiten* erklären. So haben diese, als

---

[5] Matthes, Joachim; Schütze, Fritz: Alltagswissen, 1978. S. 11.
[6] Patzelt, Werner J.: Ethnomethodologie, 1997. S. 10.
[7] Brenner, Peter J.: Kulturanthropologie, 1999. S. 4.
[8] Kulturgemeinschaft wird hier als Synonym für Ethnie verwendet, wenn Ethnie als „eine beliebig große Gruppe von Menschen, die eine spezifische soziale Wirklichkeit gemeinsam hervorbringen" [siehe hierzu: Patzelt: Ethnomethodologie, S. 59] verstanden werden kann.

sogenannte *Ethnocodes*, die Funktion, eigene Anschauungen zu bestätigen, fremden Anschauungen zu widersprechen.

3. Ethnocodes

Was also sind *Ethnocodes*? – Auch hier ist eine erste, einfache Erklärung möglich: ein Mythos zum Beispiel kann als solch ein *Ethnocode* gesehen werden. *Ethnocodes* werden damit einem Kommunikationsprozess zugeordnet. Unter semiologischer Betrachtungsweise sind die Mittel der Kommunikation Zeichen. Als *Ethnocode*, wie ihn Patzelt sieht, wird nun die Organisation dieser Zeichen in Codes verstanden. „Nur dank Kommunikation ist es Akteuren aller Art möglich, ihre Sinndeutungen und Handlungen zu konzertieren. Diese Kommunikation wird sowohl sprachlich als auch nichtsprachlich durchgeführt. Durchführungsmittel der Kommunikation sind *Zeichen* mit innerhalb einer Ethnie verständlichen Bedeutungen; diese Zeichen können in mehr oder minder komplexen Codes (`Ethnocodes`) organisiert sein."[9]

Die Kommunikation vermittels von Codes lässt den Rückschluss auf die Kulturtheorie zu, welche nun die Funktion der *Ethnocodes* aufzeigen kann. So schreibt Speth, mit Bezug auf Lotman und Posner: „Nach Jurij Lotman lässt sich Kultur auffassen als `eine Hierarchie von Codes, als eine Gesamtheit von Texten und ihren Funktionen, oder als ein bestimmter Mechanismus, der diese Texte hervorbringt´.[10] Mit der Hierarchie von Codes werden nach Posner verschiedene Bereiche festgelegt: das Außerkulturelle, das Gegenkulturelle, das periphere Kulturelle und das zentrale Kulturelle. Letztes betrifft wesentlich die Identität der Gesellschaft, ein Code, der für alle verbindlich ist, während die anderen Bereiche Wirklichkeiten von minderer Relevanz festlegen. `Jede historisch gegebene Kultur trennt die kulturell geprägte Wirklichkeit vom Rest der bekannten Wirklichkeit und setzt diesen als `kulturlos´, `unzivilisiert´, ja

---

[9] Patzelt, Werner J.: Ethnomethodologie, 1997. S. 61.
[10] Zitat und Übersetzung nach: Lotman, Ju. M.; u. a.: Theses on the Semiotic Study of Cultures (as Applied to Slavic Texts), in: Sebeok, Thomas A. (Hrsg.): The Tell-Tale Sign. A Survey of semiotics. S. 57-85. Lisse 1975. S. 73.

als 'Unkultur' der eigenen Kultur gegenüber. Dieser gegenkulturelle Bereich erscheint dem in der Kultur integrierten Beobachter als ungeordnet und chaotisch, während ein Außenstehender ihn allenfalls für anders geordnet hält.'.[11] Jeder Code wird durch einen bestimmten Gegen-Code definiert, jede Kultur und damit jede Gruppe von Zeichenbenutzern, die einen gleichen Code gebrauchen, schließen aus und schaffen einen Gegencode."[12]

Hierin liegt das Dilemma des *Fremden* – in der Definition des eigenen Codes durch einen Gegen-Code.

4. Schlussfolgerungen für die vorliegende Arbeit

Aus diesen knappen Erkenntnissen aus dem Bereich der Ethnomethodologie – die an dieser Stelle ausreichend sein mögen – lassen sich wichtige Schlussfolgerungen für die hier vorliegende Arbeit ziehen.

So wurde gezeigt, dass verschiedene Kulturkreise verschiedene soziale Wirklichkeiten besitzen. Die jeweils vorherrschenden *Selbstverständlichkeiten* finden ihren Ausdruck in *Ethnocodes*. Fremdheit manifestiert sich nun darin, dass eigene Codes durch Gegen-Codes definiert werden. Diese Erkenntnis ist für die vorliegende Arbeit elementar. So werden diese Gegen-Codes, „oder in unserem Fall dieser Gegenmythos [...] nicht einfach hingenommen, sondern es werden Anstrengungen darauf verwendet, das Gegenkulturelle zu eliminieren oder zu integrieren".[13]

Somit muss es auch – wie noch zu zeigen sein wird – einen Gegenmythos zu dem hier zu untersuchenden Mythos geben. Gegenstand dieses Gegenmythos ist in diesem Falle der westliche Kulturkreis (und damit auch die europäische Kulturgemeinschaft), welche der Kritik des lateinamerikanischen Kulturkreises unterlegen ist. Nun ist aber das Bestreben dieser Arbeit eine Analyse des Gegenstandes aus lateinamerikanischer Sicht.

---

[11] Zitat nach: Posner, Roland: Kultur als Zeichensystem. Zur semiotischen Explikation kulturwissenschaftlicher Grundbegriffe, in: Assmann, Aleida; Harth, Dietrich (Hrsg.): Kultur als Lebenswelt, S. 37-74. Frankfurt am Main, 1991. S. 57.

[12] Speth, Rudolf: Nation, 2000. S. 38-39.

Mit einer europäischen Betrachtungsweise jedoch bleibt der Zugang zu dieser spezifischen Kritik, an der westlichen Kulturgemeinschaft, verschlossen. Eine derartige Betrachtung würde sich also selbst ad absurdum führen. Zwar wird es nicht möglich sein, eine absolut europafreie Sicht einzunehmen.[14] Dennoch muss also auf die lateinamerikanische Betrachtungsweise eingegangen werden. Aus einem europäischen Hintergrund kommend, muss die Arbeit daher möglichst das „europäische Kleid" ablegen und sich das „lateinamerikanische Kleid" überziehen. Es geht demnach um einen Perspektivenwechsel.

Ziel der Arbeit ist somit das „Fremdverstehen", als einem „neuen Arbeitsbereich der Hermeneutik: das Verstehen von Manifestationen einer anderen Kultur".[15] Denn, so Brenner weiter, „kulturelle Phänomene [...] verstehen sich aus Kontexten".[16]

Und verstanden werden soll der Gegenstand dieser Arbeit aus dem lateinamerikanischen Kontext. Somit bleibt im Folgenden die Frage nach dem spezifisch lateinamerikanischen Hintergrund zu klären.

---

[13] Ebd., S. 39.
[14] Hier bleibt es auch fraglich, ob dies derart nachteilig ist – schließlich sieht ein Außenstehender zumeist die Dinge klarer als jemand innerhalb des (jeweils anderen) Systems.
[15] Brenner, Peter J.: Kulturanthropologie, 1999. S. 3.
[16] Ebd., S. 21.

II. Das *Mythische*

1. Vorüberlegungen allgemeiner Art

Was ist das *Mythische*? Was kennzeichnet den *Mythos*? – Diesen Fragestellungen gehen etliche Theorien nach, welche versuchen, aus ihrem Blickwinkel das Wesen des *Mythischen* zu beschreiben. Deutungen der Mythen lassen sich von daher vielen Feldern zuordnen. So gibt es unter anderem allegorische und euhemeristische Deutungen, Deutungen des Mythos als „Krankheit der Sprache", Deutungen des Mythos als Poesie und schöner Schein, ritualistisch-soziologische Deutungen, psychologische Deutungen, Transzendentale Deutungen, strukturalistische Deutungen, symbolistische und romantische Deutungen, sowie Deutungen des Mythos als Erfahrung des Numinosen, um nur einige zu nennen.[17] Sie alle erfassen einen speziellen Teil des Mythos, der wiederum zu seinem Gesamtbild beiträgt.

Wenn diese Arbeit jedoch einen bestimmten Mythos – nämlich den Mythos „Che Guevara" in seinem Werk und der lateinamerikanischen Wirkungs-geschichte untersuchen will, so stellt sich die Frage weniger nach den möglichen Betrachtungsweisen des Mythischen als nach dem „Wie". Wie kann ich dieses spezifische mythische Element erfassen, beschreiben und erklären? Es wurde bereits darauf hingewiesen, dass dabei sicherlich alle Mythendeutungen eine gewisse Rolle spielen. Dennoch stellt sich die Frage zunächst ausgehend vom Thema selbst. Ohne Zweifel handelt es sich bei dem Mythos „Che Guevara" nicht um einen archaischen Mythos. Vielmehr ist es ein „moderner Mythos", der in Wesen und Struktur zwar auf das „typisch archaische" Mythenbild zurückgreift, jedoch mit modernen Attributen ausgestattet ist. Aufgrund dieser spezifischen Eigenart nannte Roland Barthes diese „modernen Mythen" auch „Pseudomythen".

Um nun mit dem Begriff des *Mythos* und des *Mythischen* umgehen zu können und eine Basis für diese Arbeit zu schaffen, folgt eine erste Abgrenzung.

---

[17] Vgl. hierzu: Hübner, Kurt: Die Wahrheit des Mythos. München, 1985.

2. *Mythos* – eine erste Abgrenzung

„Der Mythos – eine von einer großen Gruppe von Menschen geteilte Überzeugung, die nicht hinterfragt wird und Ereignissen und Handlungen einen bestimmten Sinn verleiht...", so lautet Murray Edelmans Definition von *Mythos*.[18] Enthalten in dieser Definition sind bereits drei Elemente, die im Folgenden eine gewichtige Rolle spielen werden. Zunächst wird auf die „große Gruppe von Menschen" verwiesen. Ein Mythos steht also immer in einem kollektiven Sinnzusammenhang. Dieser Sinnzusammenhang ist insofern von Bedeutung, als es der Mythos selbst ist, der „Ereignissen und Handlungen" erst Sinn verleiht. Zuletzt wird noch die „Überzeugung" erwähnt. Eine bestimmte Überzeugung erlaubt immer nur eine Deutungsrichtung – somit wird implizit bereits auf die Mehrdeutigkeit eines Mythos eingegangen, der, je nach Standpunkt, einen konträren Sinn ergeben kann.

Weiter geht Rudolf Speth mit seiner Definition von Mythos, wenn er schreibt: „Mythen lassen sich als narrative Symbolsysteme verstehen, in denen Grundentscheidungen einer Gemeinschaft in nicht-instrumentellen, sprachlich-expressiven und rituell-darstellenden Ausdrucksformen zur Geltung kommen. Als solche haben sie für eine Gemeinschaft grundlegende kommunikative und instruktive Funktion. Als Sinnstrukturen beziehen sich Mythen auf die überindividuelle, kollektiv wichtige Wirklichkeit."[19] Während Edelman noch von Sinnzusammenhängen gesprochen hat, so spricht Speth bereits von „Grundentscheidungen" einer Gesellschaft, welche im Mythos zur Geltung kommen. Damit wird dem Mythos innerhalb einer Gemeinschaft eine grundlegende Funktion zuteil. Er wirkt richtungsweisend, zugleich handlungsanleitend. Entscheidend ist hier der Verweis auf den Mythos als „narratives Symbolsystem". Die Weitergabe des Mythos erfolgt also über Narration. Gerade die Narration macht den Mythos lebendig – im Moment des Erzählens, aber auch durch die stetige Neu- und Hinzuerfindung bestimmter Gegebenheiten. Davon lebt der Mythos.

---

[18] Edelman, Murray: Ritual, 1976. S. 110.
[19] Speth, Rudolf: Nation, 2000. S. 12.

Hier jedoch setzt die wissenschaftliche Kritik ein, die den Mythos klar vom Logos (im Sinne von Wissenschaft) getrennt sehen will. „Am stärksten setzte der Kampf gegen den Mythos mit der bürgerlichen Aufklärung ein, die ihre Position als Antithese zum Mythos definierte. Für sie konnte es laut Ernst Cassirer, einem führenden Mythenkritiker, ´zwischen Mythos und Philosophie [...] keinen Berührungspunkt geben. Mythos endet dort, wo Philosophie beginnt´.[20] In dieser Tradition stehen u.a. der Positivismus, der Linksliberalismus und der Marxismus. Der Mythos wird als irrational abgelehnt und in den Bereich der wuchernden Phantasie verwiesen", halten Gugenberger und Schweidlenka fest.[21] Und Speth merkt an, dass „Theorie [...] eine andere Art der Erklärung als die Mythen [bietet]. Sie beginnt mit der Abwendung vom Lebensweltlich-Praktischen und vollführt eine Wendung ins Begriffliche.[...] Sie [Mythen; Anm. des Verfassers] gehen nicht begrifflich auf die Phänomene ein, sondern versuchen, durch Narration die Ereignisse zu verknüpfen und zu erklären".[22] Damit wird dem Mythos bereits der Anspruch auf Wahrheit aberkannt, was zugleich die inhaltliche Analyse eines Mythos erschwert. „´Das ist doch ein Mythos´ heißt hier soviel wie: ´das klingt zwar gut, ist aber falsch´. Mythen sind Geschichten, deren Wahrheitsanspruch nicht allzu ernst genommen wird, die aber auf die Rezipienten eine große Faszination ausüben", meint Dörner.[23] Hier klingt an, dass die individuelle Rezeption des Mythos von grundlegender Bedeutung ist. Aus diesem Grunde ist eine inhaltliche Mythenanalyse zum Scheitern verurteilt, da Mytheninhalte sich nicht „verwissenschaftlichen" lassen. „Ein Mythus ist im gewissen Sinne unverwundbar. Er ist für rationale Argumente undurchdringlich; er kann nicht durch Syllogismen widerlegt werden."[24]

Individuelle Rezeption ergibt offenkundig verschiedene Wahrheiten, die nicht hinterfragt werden können – zumindest nicht wissenschaftlich. Darüber hinaus gehören Mythen dem Allgemeingut einer Gemeinschaft an, und bleiben somit zwangsläufig einem Außenstehenden, der das „Unausgesprochene" der Gemeinschaft nicht kennt, zum Teil verschlossen.

---

[20] Gugenberger und Schweidlenka beziehen sich hier auf das Buch „Hüter des Schlafes" von Stephan Marks.
[21] Gugenberger, Eduard; Schweidlenka, Roman: Nornen, 1993. S. 24.
[22] Speth, Rudolf: Nation, 2000. S. 27.
[23] Dörner, Andreas: Politischer Mythos, 1995. S. 19.
[24] Cassirer, Ernst: Mythus, 1949. S. 388.

In diesem Zusammenhang lässt sich auch die Definition von Roland Barthes sehen, der den Mythos als eine Aussage begreift. „Was ist ein Mythos heute? Ich gebe unverzüglich eine erste, sehr einfache Antwort, die in voller Übereinstimmung mit der Etymologie steht: der Mythos ist eine Aussage."[25] Was für eine Form der Aussage jedoch ist ein Mythos? Und wieso bleibt er dann gemeinschaftsspezifisch? Im Folgenden geht Barthes näher darauf ein, so schreibt er: „Zu Beginn muss jedoch deutlich festgestellt werden, dass der Mythos ein Mitteilungssystem, eine Botschaft ist. Man ersieht daraus, dass der Mythos kein Objekt, kein Begriff, oder eine Idee sein kann; er ist eine Weise des Bedeutens, eine Form. [...] Der Mythos wird nicht durch das Objekt seiner Botschaft definiert, sondern durch die Art und Weise, wie er diese ausspricht. Es gibt formale Grenzen des Mythos, aber keine inhaltlichen."[26] Barthes sieht den Mythos als „Weise des Bedeutens". Dabei ist jedoch die „Art und Weise" des Aussprechens der Botschaft entscheidend. Dies verweist wieder auf die Mehrdeutigkeit des Mythos, der je nach Standpunkt konträr „erzählt" werden kann. Somit kann es auch keine „inhaltlichen" Grenzen geben – eine inhaltliche Analyse kann damit nicht erfolgreich sein. Es bleibt also die formale Analyse, sowie bestenfalls eine Deskription des Inhaltes.

Zusammenfassend lässt sich in einer ersten Abgrenzung sagen, dass der Mythos als Aussage gesehen werden kann. Diese Aussage ist jedoch nicht wissenschaftlicher Art, sondern narrativ. Ein Mythos lässt sich nicht losgelöst von einer Gemeinschaft betrachten. Er lebt nur durch sie und in ihr. Innerhalb einer Gemeinschaft steht er als Aussage in einem Sinnzusammenhang, die richtungs- und handlungsweisend ist.

---

[25] Barthes, Roland: Alltags, 1992. S. 85.
[26] Ebd., S. 85.

3. Die Einbettung des Mythos in eine Kulturtheorie

Die Nicht-Lösbarkeit des Mythos aus dem gemeinschaftlichen Zusammenhang ist für Rudolf Speth Grund, Mythen innerhalb einer Kulturtheorie zu sehen. „Mythen [...] müssen innerhalb einer Kulturtheorie verstanden und analysiert werden. Mit einem semiotischen Kulturbegriff können [...] Mythen genauer beschrieben werden. Dieser Kulturbegriff hat den Vorteil, dass er konsequent konstruktivistisch vorgeht und damit [...] Mythen in den Prozess der sozialen Konstruktion der Wirklichkeit gestellt werden können."[27] Mit dieser Aussage wird die sinnstiftende Funktion der Mythen näher beleuchtet. Mythen haben demnach Anteil an einem „Prozess der sozialen Konstruktion der Wirklichkeit". Konstruktion ist immer etwas Künstliches, jedoch insofern natürlich, als sie den Gesellschaften zur Selbstbegründung dient und aus ihnen heraus entsteht. „Gesellschaften brauchen einen Deutungsvorrat, aus dem sie sich selbst reproduzieren können. Sie müssen deshalb die Fähigkeit, *sich selbst zu erzählen*, aufrechterhalten und pflegen. Denn die Tätigkeit des Sich-selbst-Erzählens heißt, sich immer wieder neu zu begründen im Rückgriff auf einen Vorrat an Deutungsmustern.", so Speth.[28] Damit erfüllen Mythen also eine Funktion der Legitimation und der Identifikation.[29] Hiermit tritt das Individuum innerhalb der Gesellschaft in den Vordergrund. Geht es um Identifikation, so geht es zunächst um die individuelle Identifikation innerhalb der Gesellschaft. Gelingt diese Identifikation mit der Gesellschaft, so bekennt sich das Individuum zu einer bestimmten Rolle innerhalb der Gesellschaft. Diese wiederum ermöglicht eine Identität, sowohl für das Individuum, als auch, in der nächsten Stufe, für die Gesellschaft. Identifikation – im Sinne einer Konstruktion der Wirklichkeit – geht damit immer auch mit der Frage nach der Identität einher.

---

[27] Speth, Rudolf: Nation, 2000. S. 65.
[28] Ebd., S. 76.
[29] Gegen die generell als „kulturstabilisierend" angesehene Funktion des Mythos gibt es jedoch auch kritische Betrachtungen. So bemerkt Dörner: „dass Mythen auch kulturellen Wandel und soziale Veränderungen bewirken können". (zitiert nach Dörner: Politischer Mythos, S. 28)

4. Die identitätsstiftende Wirkung des Mythos

Somit kann dem Mythos zugleich eine identitätsstiftende Wirkung zugeschrieben werden. Mit Bezug auf Jerome Bruner stellt Edelman fest: „Jerome Bruner hat im Rückgriff auf psychoanalytische Theorien den Standpunkt vertreten, dass man, indem man den Glauben an einen bestimmten Mythos wählt, zugleich eine bestimmte Rolle und Identität wählt: `Es ist nicht einfach nur die Gesellschaft, die sich nach den idealisierenden Mythen richtet, sondern unbewusst ist es auch jeder Einzelne, der seinen inneren Drang nach Identität im Sinne des vorherrschenden Mythos zu strukturieren vermag.´"[30]

Der Mythos wird damit zum „Leitfaden" der individuellen (und danach der gemeinschaftlichen) Identitätssuche. „Darum werden Mythen verschiedentlich als ´Urgründe der Menschenseele`, als Urnormen und Urformen des Lebens aufgefasst."[31]

Dabei erfolgt zunächst die Suche nach der jeweils eigenen Identität. „Diese Ich-Identität wird erarbeitet in der Auseinandersetzung mit anderen. Es gilt [...] `zu einem Leben zu finden, das der Mensch zu führen, nicht zu geschehen lassen hat.`[32]", so Christoph Jamme.[33] Aufgrund dieser Tatsache, das Leben zu führen, und nicht geschehen zu lassen, sucht sich das Individuum eine bestimmte Rolle. Diese wird definiert anhand einer emotionalen Bindung an den Mythos. So gibt es einen „notwendigen Zusammenhang zwischen starken *Ängsten* und der Bindung an einen Mythos [...],der eine sozial abgesicherte Identität schafft und ein bestimmtes kollektives Handeln zur Verringerung der Angst nahe legt.", schreibt Edelman.[34] Damit, so Edelman weiter, „kanalisiert [der Mythos] die Ängste und Impulse der einzelnen in ein allgemeines Erwartungssystem und eine Szenerie von handlungsleitenden Werten. Er entlastet das Individuum von der Verantwortung für seine unglückliche oder bedrohte

---

[30] Edelman, Murray: Ritual, 1976. S. 110-111. (Zitiert nach Bruner, Jerome S.: Myth and Identity, in: Murray, Henry A. (Hrsg.): Myth and Mythmaking, New York, 1960. S. 282 f.)

[31] Gugenberger, Eduard; Schweidlenka, Roman: Nornen, 1993. S. 17.

[32] Zitat nach: D. Henrich: Nach dem Ende der Teilung. Über Identitäten und Intellektualität in Deutschland. Frankfurt am Main 1993. S. 13.

[33] Jamme, Christoph: Geschichten, 1997. S. 3.

[34] Edelman, Murray: Ritual, 1976. S. 111.

Stellung in der Gesellschaft und liefert ihm ein fest umrissenes, von breitem Rückhalt getragenes Programm zum Schutz seiner Identität. Diese Erwartungen, die an den Mythos gestellt werden, evozieren beim Individuum immer auch eine spezielle *politische* Rolle, ein spezielles Selbstverständnis: der patriotische Soldat, dessen Rolle es ist, sich für sein Vaterland zu opfern, der Polizist, dessen Rolle es ist, die Gesellschaftsordnung vor radikalen Horden zu bewahren, der Verbraucher, dessen Rolle es ist, den ihn stützenden Staat zu respektieren".[35]

So ergibt sich die individuelle Rolle, welche die Identifikation mit der Gesellschaft bewirkt und dazu Identität stiftet. Erst der gemeinsame Glaube an einen Mythos jedoch kann die Identität der Gesellschaft aufbauen. Dabei ist die Kommunikation der „rollenspielenden" Individuen untereinander von Bedeutung. Mythos kann also als ein „Mittel, um die Kommunikation mit anderen und gegenseitige Verständigung herzustellen", gesehen werden.[36] Aufgrund dieser Kommunikation schafft der Mythos individuelle und gleichzeitig auch gemeinschaftliche Identität. „Indem der Mythos die Identität sowohl des einzelnen als auch der Gruppe schafft und festigt, bildet er eine Art 'Gründungsurkunde' des Stammes oder Volkes. Aus dieser leitet sich die gemeinsame, oftmals idealisiert dargestellte Geschichte ab."[37] Darstellen von Geschichte erfolgt zumeist über Erzählungen und Überlieferungen. Damit wird narrativ die gemeinschaftliche Identität aufgebaut, ein Geflecht, aus dem dann eine gemeinsame Geschichte abgeleitet wird.

---

[35] Edelman, Murray: Ritual, 1976. S. 111.
[36] Ebd., S. 162.
[37] Gugenberger, Eduard; Schweidlenka, Roman: Nornen, 1993. S. 18.

26

5. Der Mythos als Narrationssystem

Somit ist der Mythos als ein *Narrationssystem* bestimmt. Es ist diese Bestimmung, welche den Mythos allzu oft in die Welt des Irrealen rückt.[38] Dabei bleibt außer Acht, dass der Mensch nicht nur geistiges, sondern eben auch emotionales Wesen ist. In diesem Sinne kommt dem Narrativen eine wesentliche Bedeutung zu. Denn, wie Hartmut Heuermann bemerkt, spielt diese Narration vermittels der Sprache eine gewichtige Rolle in der Selbstentfaltung und Selbstschöpfung der Menschen. „Wie naiv oder phantastisch, inhaltlich betrachtet, uns die mythischen Erzählungen als Produkte prälogischer Mentalität auch vorkommen mögen, sprachlich gesehen sind sie Zeugnisse eines Potentials, das das Bewusstsein beträchtlich expandiert und differenziert. Die Sprache wird zu einem reichen Reservoir, aus dem der Mensch zur Selbstentfaltung schöpft und das er als schöpferisch Tätiger seinerseits bereichert.“[39] Der Mensch tritt damit als Nutznießer – im Sinne der eigenen Selbstentfaltung – auf, zugleich ist er aber auch Schaffender, der Anteil an der Konstruktion der sozialen Wirklichkeit der Gemeinschaft und damit eben auch anderer Individuen hat. In Bezug auf die identitätsstiftende Wirkung und Selbstentfaltung mittels Narration, schreibt Rudolf Speth: „Eine Person zu sein heißt, eine Lebensgeschichte zu haben, die sich erzählen lässt. Die Narration erbringt keine Begründung, in welcher Form auch immer, sondern versucht, Vergangenheit, Gegenwart und Zukunft der Person oder des Kollektivs so zu organisieren, dass darin die Einheit der Person oder die Identität der Gesellschaft sichtbar wird. Dieser These liegt zugrunde, dass sich Identität – personal oder kollektiv – nur durch Erzählen herausbilden lässt.“[40] Narration also als Mittel der Identitätsbildung, individuell und kollektiv. Mit Hilfe des Narrationssystems tritt der Mensch also in den schöpferischen Prozess ein – er hat Anteil an dem Dialog mit dem Mythos.

---

[38] Vgl. hierzu die zuvor genannte Diskussion um „Mythos" vs. „Logos".
[39] Heuermann, Hartmut: Medienkultur, 1994. S. 67.
[40] Speth, Rudolf: Nation, 2000. S. 86-87.

6. Der Mythos als Zeichensystem

Dialog benötigt Zeichen. Tritt der Mensch mit seiner Umwelt in Dialog, so kann er, wie es Ernst Cassirer tat, als „animal symbolicum" betrachtet werden.[41] Weitergehend haben Lotman und Uspenskij 1984 diesen Sachverhalt beschrieben, indem sie die grundsätzliche Zeichenbezogenheit der Realität herausgearbeitet haben. Demnach bewegt sich der Mensch nicht nur „in einer Biosphäre als seiner natürlichen Umwelt [...], sondern auch in einer 'Semiosphäre'".[42] Aus dieser Betrachtungsweise geht die semiotische Mythendeutung hervor, welche die Mythen als ein Zeichensystem charakterisiert.

Das offenkundigste Zeichen ist hierbei die Sprache. Hier sei vor allem Roland Barthes genannt, der die „Mythen des Alltags" unter semiotischen Gesichtspunkten untersuchte. Jedoch beschränkt sich die semiotische Deutung des Mythos nicht alleine auf die Sprache (im Sinne der Sprache als Zeichen), dazu ist er, wie Speth bemerkt, in seinem Wesen zu komplex. „Der Mythos ist ein komplexes System von Zeichen oder vielmehr von auslegbaren und deutbaren Symbolen. [...] Der semiotische Zugang zum Mythosbegriff versucht, diesen nicht auf die Sprache zu reduzieren, sondern auch nicht-sprachliche Träger von Bedeutungen wie Rituale und Bilder mit einzubeziehen.".[43]

Die Semiologie kann daher als eine „Wissenschaft von den Formen" verstanden werden, „da sie Bedeutungen unabhängig von ihrem Gehalt untersucht".[44] Damit sei auf drei wesentliche Termini der Semiologie hingewiesen, welche in Zusammenhang mit den Bedeutungen stehen: zunächst das Bedeutende, dazu das Bedeutete und schließlich das Zeichen selbst.

„Im Mythos findet man das soeben besprochene dreidimensionale Schema wieder: das Bedeutende, das Bedeutete und das Zeichen. Aber der Mythos ist insofern ein besonderes System, als er auf einer semiologischen Kette aufbaut, die bereits vor ihm existiert; er ist ein *sekundäres semiologisches System*. Was im ersten System Zeichen ist (das heißt assoziatives Ganzes

---

[41] Brenner, Peter J.: Kulturanthropologie, 1999. S. 29-30. (Brenner zitiert hier den Ausdruck „animal symbolicum", der von Cassirer geprägt wurde.)
[42] Dörner, Andreas: Politischer Mythos, 1995. S. 45.
[43] Speth, Rudolf: Nation, 2000. S. 33.

eines Begriffs und eines Bildes), ist einfaches Bedeutendes im zweiten. Man muss hier daran erinnern, dass die Materialien der mythischen Aussage (Sprache, Photographie, Gemälde, Plakat, Ritus, Objekt, usw.), so verschieden sie auch zunächst sein mögen, sich auf die reine Funktion des Bedeutens reduzieren, sobald der Mythos sie erfasst. Der Mythos sieht in ihnen ein und denselben Rohstoff.", so Barthes.[45]

In diesem Abschnitt hat Roland Barthes den Mythos als ein sekundäres semiologisches System definiert. Was jedoch ist genau damit gemeint, wenn er davon spricht, dass das, was im ersten System Zeichen ist, lediglich Bedeutendes im zweiten System ist?

a) Der Mythos als „Metasprache"

Zur Erklärung führt Barthes hier die Unterscheidung zwischen *Objektsprache* und *Metasprache* an. Das erste System ist damit die *Objektsprache*, der Mythos als sekundäres System, wird selbst zu einer *Metasprache*. Barthes fasst diese zwei Systeme wie folgt auf: „ein linguistisches System, die Sprache (oder die ihr gleichgestellten Darstellungsweisen), die ich *Objektsprache* nenne – weil sie die Sprache ist, deren sich der Mythos bedient, um sein eigenes System zu errichten – und der Mythos selbst, den ich *Metasprache* nenne, weil er eine zweite Sprache darstellt, *in der* man von der ersten spricht".[46]

Diese Deutung des Mythos als *Metasprache* baut damit auf der Grundannahme auf, dass der Mensch als „animal symbolicum" sich der Sprache bedient, um mit ihrer Hilfe die Welt zu interpretieren und sich zu eröffnen. „Der Mensch allein hat die Sprache und mit ihr das Menschsein und seine Welt. In und mit ihr eröffnet sich ihm das Sein der Dinge und des Weltganzen."[47] Ist der Mythos nun *Metasprache*, so bleibt er dennoch Sprache, und dient gerade daher dem Menschen zur Interpretation und Eröffnung der Welt.

---

[44] Barthes, Roland: Alltags, 1992. S. 88.
[45] Barthes, Roland: Alltags, 1992. S. 92-93.
[46] Ebd., S. 93.
[47] Otto, Walter F.: Sprache, 1976. S. 279.

b) Über „Sinn" und „Form" des Mythos

Interpretation findet sich im Bedeutenden[48] wieder. Hier jedoch ist eine wichtige Unterscheidung vorzunehmen, die von Roland Barthes getroffen wurde. Demnach ist zwar das Bedeutende in der Sprache gleich dem Sinn. Im Mythos jedoch, als Metasprache, wird es zur Form. Daraus ergibt sich eine Doppeldeutigkeit des Mythos. „Das Bedeutende des Mythos erweist sich als doppeldeutig. Es ist zugleich Sinn und Form, einerseits erfüllt, andererseits leer. [...] Doch der entscheidende Punkt bei alledem ist, dass die Form den Sinn nicht aufhebt; sie verarmt, sie entfernt ihn nur, sie hält ihn zur Verfügung. Man glaubt der Sinn stirbt, aber es ist ein aufgeschobener Tod. Der Sinn verliert seinen Wert, aber er bleibt am Leben, und die Form nährt sich davon. [...] Die Form muss unablässig wieder Wurzel im Sinn fassen und aus ihm sich mit Natur nähren können, und insbesondere muss sie sich in ihm verbergen können. Es ist dieses unablässige Versteckspiel von Sinn und Form, durch das der Mythos definiert wird. Die Form des Mythos ist kein Symbol", so Barthes.[49]

Symbol ist der Mythos also nicht. Wohl aber bemächtigt er sich der Symbole, um seine Aussage zu treffen. Dies ist die nähere Erläuterung der Auffassung des Mythos als Metasprache. Der Sinn kann sich nur aus der Objektsprache ergeben – daher muss der Mythos als Metasprache stets auf die Objektsprache zurückgreifen.

Interpretation verlangt nach einer glaubhaften Erklärung der Sinnzusammenhänge. Somit geht es im Mythos auch nicht um Wahrheit, als vielmehr um die Absicht. So schreibt Barthes: „Der Mythos ist ein *Wert*, er hat nicht die Wahrheit als Sicherung; nichts hindert ihn, ein fortwährendes Alibi zu sein. Es genügt, dass sein Bedeutendes zwei Seiten hat, um immer über ein Anderswo zu verfügen: der Sinn ist immer da, um die Form *präsent zu machen*, die Form ist immer da, um den Sinn *zu entfernen*. Es gibt niemals einen Widerspruch, einen Konflikt, einen Riß zwischen dem Sinn und der Form, sie befinden sich niemals an demselben

---

[48] Hier als Element der oben genannten Trias: „Bedeutendes", „Bedeutetes" und „Zeichen".
[49] Barthes, Roland: Alltags, 1992. S. 96-98.

Punkt."[50] Dies macht den Mythos zu einer Aussage, welche sich „viel stärker durch ihre Absichten [...] als durch ihren Buchstaben" bestimmt.[51]

c) Der Mythos als interpellatorische Aussage

Es ist die Absicht, welche die Adressaten direkt anspricht. Indem mir der Mythos Interpretationen liefert, fordert er mich geradezu auf, in Dialog mit ihm zu treten. In der Aufforderung die Interpretation anzunehmen, bleibt dieser Dialog jedoch einseitig – er hat imperativen und interpellatorischen Charakter. „Ausgehend von einem historischen Begriff, direkt aus der Kontingenz auftauchend [...], sucht er *mich*: er ist mir zugewandt, ich erleide seine intentionale Kraft, er mahnt mich, seine (expansive) Doppeldeutigkeit entgegenzunehmen."[52]

Durch die spezifische Interpretation jedoch wird die Aussage starr. Nicht die Wahrheitssuche, sondern eine bestimmte Absicht (in der Interpretation) ist ihr Ziel. Damit lässt sich auch nicht eine Einordnung in die Kategorien „wahr" und „falsch" treffen. Der Mythos ist genauso wenig „wahr", wie er „falsch" ist. Er ist vielmehr eine Interpretation, welche durch eigenes Hinzuerfinden wächst. In ihrer Art bleibt Interpretation immer individuell und schließt damit nur einen subjektiven Zugang zu dem Interpretierten auf. Dies ist es, was den Mythos als Aussage nach Barthes starr macht. „Diese interpellatorische Aussage ist gleichzeitig eine erstarrte Aussage: in dem Augenblick, da sie mich erreicht, bleibt sie in der Schwebe, dreht sich um sich selbst, und holt das Allgemeine wieder ein. Sie wird reglos, reinigt sich, macht sich unschuldig. [...] Das rührt daher, dass der Mythos eine *gestohlene* und *zurückgegebene* Aussage ist. Nur ist die zurückgegebene Aussage nicht mehr ganz dieselbe, die man entwendet hat: beim Zurückgeben hat man sie nicht genau wieder an ihren Platz gestellt. Dieser befristete Diebstahl, dieser flüchtige Augenblick eines Betrugs bewirkt an der mythischen Aussage die Erstarrung."[53]

---

[50] Ebd., S. 104-105.
[51] Ebd., S. 105.
[52] Barthes, Roland: Alltags, 1992. S. 106.
[53] Ebd., S. 107.

d) Der mythische Begriff als Manifestation der Erstarrung

Gleichsam als Manifestation dieser Erstarrung, von der Barthes spricht, kann der mythische Begriff gesehen werden. Unter *mythischem Begriff* können einzelne Begriffe verwendet werden, welche beim Adressaten eine bestimmte Assoziation hervorrufen.[54] Durch die Anrede und damit verbundene Assoziation wird der mythische Begriff starr. Ihm wird damit eine Funktion zuteil. Er entspricht nicht mehr der objektiven Realität, sondern einer interpretierten, subjektiven Realität. „In Wahrheit ist das, was sich in dem Begriff einnistet, weniger das Reale als eine gewisse Kenntnis vom Realen; beim Übergang vom Sinn zur Form verliert das Bild Wissen, und zwar um besser das des Begriffes aufzunehmen. Allerdings ist das im mythischen Begriff enthaltene Wissen konfus, aus unbestimmten, unbegrenzten Assoziationen gebildet. [...] In diesem Betracht kann man sagen, dass der grundlegende Charakter des mythischen Begriffes darin besteht, *angepasst* zu sein... [...] Der Begriff antwortet sehr eng auf eine Funktion, er hat eine Tendenz."[55] Der mythische Begriff wird damit zum Instrumentarium des Mythos. Als Teilstück der Objektsprache wird auch er benutzt und eingesetzt, um ein eigenes System zu errichten. Seine Angepasstheit ermöglicht es, dem Sinn eine neue Wendung zu geben. So bemerkt Barthes: „Der Begriff deformiert, aber er zerstört nicht den Sinn."[56] Damit wird der mythische Begriff zu einem Hauptinstrumentarium, dessen sich der Mythos bedient. Er macht den Mythos steuerbar.

---

[54] Im Verlauf dieser Arbeit wird noch näher auf die beiden *mythischen Begriffe* „patria" (=Vaterland) und „muerte" (=Tod) eingegangen, welche zur Analyse des mythischen Elementes bei Che Guevara von Bedeutung sind.

[55] Barthes, Roland: Alltags, 1992. S. 99.

[56] Ebd., S. 103-104.

7. Der politische Mythos

Mit dem Moment der Steuerung eröffnet sich ein weiterer Blickwinkel – der Mythos in seiner politischen Dimension. Der *politische Mythos* ist für die vorliegende Arbeit von besonderer Bedeutung. „Die Verwendung von Mythen" nämlich, so Dörner, „setzt psychische Energien frei und wirkt somit als politischer Machtgenerator par excellence".[57] Dabei sind politische Mythen immer eingebettet in „einen politischen Interaktionszusammenhang, in dem sie ihre Wirkung entfalten. Nur als Erzählungen wären sie höchst unzureichend und eher unwirksam. Sie werden aber inszeniert, ritualisiert und zum Gegenstand öffentlicher Zurschaustellung gemacht. Sie entstehen in einer rationalisierten Welt als Formen und Visionen eines anders gearteten sozialen Zusammenhalts und als Totalitätsanspruch in einer zerrissenen Welt."[58] Der Moment der Inszenierung birgt zudem einen schöpferischen Akt. „Mythen werden geschaffen, sie sind Produkte gesellschaftlicher Kommunikation und gesellschaftlichen Handelns. Sie sind aber nicht das Ergebnis einer freien Produktion von Bedeutsamkeit, sondern Mythisierung benutzt alte Schemata, variiert diese, kombiniert und modifiziert sie", schreibt Speth, und verweist damit auf die „Arbeit am Mythos", wie sie von Blumenberg in seinem gleichnamigen Buch herausgestellt wurde.[59]

Ergebnis dieser Arbeit ist eine Dichotomisierung. „Wenn Mythen für politische Zwecke in den Dienst genommen werden, so vollzieht sich dabei eine Reduktion der Vielfalt der Deutungen, es wird eine Dichotomisierung herausgearbeitet, die eine klare Entscheidungssituation suggeriert. Sie werden durch die Deutungsarbeit auf eine Tendenz festgelegt, die keine Varianten und Nuancierungen mehr zulässt."[60] Jeder politische Mythos ist in seinem Wesen auf Dualität angelegt, im Sinne „Freund/Feind". Somit benötigt jeder Mythos auch einen Gegenmythos. „Politische Mythen benötigen für ihr Überleben und für ihr Funktionieren immer

---

[57] Dörner, Andreas: Politischer Mythos, 1995. S. 43.
[58] Speth, Rudolf: Nation, 2000. S. 127.
[59] Ebd., S. 118.
[60] Ebd., S. 144.

Gegenmythen, Gegencodes. [...] Politische Mythen sind nach Jan Assmann immer 'identitätskonkret'[61]", so Speth weiter.[62]

In diesem Sinne hat sich die Politik stets der Symbole bedient, um ihre Aussagen zu verdeutlichen und um ihre Ziele zu erreichen. Hier jedoch ist Vorsicht geboten, denn, man muss sorgfältig zwischen *symbolischer Politik* und *politischem Mythos* unterscheiden. Zwar bedienen sich beide der Wirkung der Symbole, jedoch kann *symbolische Politik* nicht mit *politischem Mythos* gleichgesetzt werden. Zwar sind auch hier die Grenzen fließend, denn beide gehen ineinander über. Dennoch ist es notwendig, eine Abgrenzung vorzunehmen, und darin bereits eine erste Definition für *politischen Mythos* zu liefern.

a) Politischer Mythos vs. symbolischer Politik

Wenn man symbolische Formen innerhalb eines politischen Prozesses betrachtet, so muss zunächst die Frage des Standpunktes geklärt werden. Da der politische Prozess im Grunde Kommunikation ist, so kann man ihn vereinfacht als Dialog darstellen. Als Dialog nämlich zwischen den Regierten und den Regierenden. Somit gibt es eine grundlegende Unterscheidung, die auch Edelman bereits hervorhebt: „Grundlegend für das Erkennen symbolischer Formen im politischen Prozess ist die Unterscheidung zwischen Politik als 'Zuschauersport' und politischer Tätigkeit von organisierten Gruppen zur Durchsetzung ganz spezifischer, greifbarer Vorteile. Politik spielt sich für die Mehrheit die meiste Zeit im Kopf ab, als eine Flut von Bildern, mit der Zeitungen, Illustrierte, Fernsehen und politische Diskussionen sie überschütten.".[63]

So gibt es also jene, die dem politischen Prozess „passiv" ausgesetzt sind, und solche, die den politischen Prozess „aktiv" gestalten.[64] Dieser

---

[61] Zitiert nach Assman, Jan (Hrsg.): Kultur und Gedächtnis. Frankfurt/Main, 1988.

[62] Speth, Rudolf: Nation, 2000. S. 130.

[63] Vgl.: Edelman, Murray: Ritual, 1976. S. 4.

[64] Dabei wird die Unterscheidung „aktiv" und „passiv" hier auf den jeweils gegenwärtigen politischen Prozess bezogen. Natürlich kann die „passive" Gruppe – etwa in der Demokratie, durch Wahlen – auch „aktiv" werden. Diese Aktivität bleibt jedoch meist auf einen bestimmten Zeitrahmen beschränkt.

Unterschied ist entscheidend. Während die symbolische Politik als „Akt" stets nur von der „Akt-iven" Gruppe vollzogen werden kann[65], so wirkt der politische Mythos als übergeordnetes System, gleichermaßen sowohl auf die „passive", als aber auch auf die „aktive" Gruppe innerhalb des politischen Prozesses. Mittels des politischen Mythos hat auch die „passive" Gruppe „aktiv" Anteil am politischen Geschehen, wie weiter unten noch zu zeigen sein wird.

Die symbolische Politik dagegen ist ein Instrumentarium, dessen sich die Regierenden bedienen, um ihre Politik zu steuern. Dabei tritt diese Steuerung oft auch als ein Moment des Ablenkens und Verschleierns auf. Dörner spricht hier von einem „Plazebo"-Effekt. Damit, so Dörner, erscheint symbolische Politik „als eine Art Ersatz, als politisches Plazebo, das die subjektive Befindlichkeit der Bevölkerung bessern soll, ohne dass 'reale' Politik, d.h. wirksame 'sachpolitische' Maßnahmen ergriffen würden".[66] Symbolische Politik zielt damit auf einen Bereich außerhalb der Realität. Sie inszeniert eine „Welt des Scheins". „Symbolische Politik ist demnach also immer ein auf Täuschung angelegtes Handeln, das von den wahren Intentionen der Akteure und von den harten Fakten der Politik ablenken soll."[67]

In diesem Sinne bedienen sich die Regierenden auch des politischen Mythos, der als Zeichensystem – angefüllt mit Symbolen, und damit selber eine symbolische Form – wirkungsvoll eingesetzt werden kann. Doch wie bereits erwähnt gehen hierbei symbolische Politik und politischer Mythos Hand in Hand. So lebt der politische Mythos nur von einem stetigen Einsatz symbolischer Politik. Diese manifestiert sich in symbolischen Handlungen, welche, wie bereits erwähnt, damit auch die „passive" Gruppe „aktiv" teilhaben lässt. Eine besonders wichtige Handlung ist hierbei das *Ritual*.

---

[65] Hierzu gibt es genügend Beispiele, wie etwa die Rede Kennedys in Berlin, in der er proklamierte „Ich bin ein Berliner", oder etwa Willy Brandts Kniefall in Warschau, und dergleichen mehr.
[66] Dörner, Andreas: Politischer Mythos, 1995. S. 53.
[67] Ebd., S. 54.

b) Ritus

„Ein lebendiger Mythos ist immer mit einem Ritual bzw. einem Kult verbunden."[68] Diese Feststellung impliziert, dass ein Mythos durch Rituale (oder Kult) lebendig wird und lebendig bleibt. Diese Lebendigkeit ist es, welche sowohl die „aktiven" als auch „passiven" Gruppen (im vorangegangenen Sinne) gleichermaßen am Mythos teilhaben lässt. „Durch die Ritualisierung politischer Mythen werden Möglichkeiten der Partizipation geschaffen [...]. Der Einzelne wird Teil eines Ganzen, indem das Ganze in ihn eingeht und er zu einer substantiellen Teilnahme gelangt."[69] Hier kommt erneut die identitätsstiftende Wirkung des Mythos zum Tragen, die dadurch, dass der Einzelne zum Teil des Ganzen wird, auch dieses Ganze, die Gemeinsamkeit, mit aufbaut. Wie wird diese Gemeinsamkeit durch Rituale aufgebaut? Abermals wird hier auf die kommunikative Komponente verwiesen, denn auch Ritus ist nichts anderes, als Kommunikation. „Der Mythos ist nicht länger bloßes Symbolsystem, sondern diesem Symbolsystem tritt ein Kommunikationssystem zur Seite, wodurch die gesellschaftliche und institutionelle Bedeutung des Mythos hervorgehoben wird."[70] Das Ritual wirkt also verstärkend auf den Mythos, indem es ihn legitimiert und in seiner gesellschaftlichen Wichtigkeit hervorhebt. Verstärkung des mythischen wird dadurch erreicht, dass das Ritual „vor allem Handlung"[71] ist, während der Mythos – wie bereits erwähnt – Narration ist. Das Zusammenspiel von Narration – passive Teilnahme an der Handlung – und Ritual – aktive Teilnahme in der Handlung – macht den Mythos lebendig. In diesem Sinne bedingen beide einander, und eine Betrachtungsweise des einen hat zwangsläufig auch die Inbezugnahme des anderen zur Folge.

Riten sind, aufgrund ihrer Gemeinschaftlichkeit, „Medien sozialer Interaktion".[72] Damit werden sie zu Schnittstellen zwischen dem Individuum und der Gesellschaft. So schreibt David Kertzer: „Through participation in such rituals, people´s dependence on their social group is

---

[68] Gugenberger, Eduard; Schweidlenka, Roman: Nornen, 1993. S. 19.
[69] Speth, Rudolf: Nation, 2000. S. 129.
[70] Ebd., S. 103.
[71] Ebd., S. 105.
[72] Ebd., S. 105.

continually brought to their mind. […] Ritual activity is not simply one possible way of creating group solidarity; it is a necessary way."[73] Kertzer verweist hier auf die Notwendigkeit des Ritus um Gruppensolidarität herzustellen. Durch den Ritus wird dem Einzelnen erst vor Augen geführt, dass er von der Gesellschaft abhängig ist und ihrer bedarf. Somit erzeugen Riten einen emotionalen Druck, dem sich das Individuum durch die Teilnahme am Ritus beugt. Dies hat dabei auch zur Folge, dass Solidarität mitunter ohne Konsens geschaffen wird. Innerhalb des Ritus gibt es nur eine Richtung. Das Individuum beugt sich der Allgemeinheit. Auf politischer Ebene ist dies ein gewaltiges Instrumentarium, dessen sich Regierende bedienen können. „It implies that ritual can serve political organizations buy producing bonds of solidarity without requiring uniformity of belief."[74] Wird jedoch Solidarität ohne gemeinsamen Konsens geschaffen, spielt der emotionale Druck eine bedeutende Rolle. Regierende können den emotionalen Druck, erzeugt durch den Ritus, nutzen, indem sie eine weitere Komponente des Ritus mit ins Spiel bringen, das Opfer.

c) Das Opfer

Opfer stehen meist in Verbindung mit einem Ritus. Dabei ist zunächst an das traditionelle Opfer zu denken, welches etwa Göttern auf einem Altar dargebracht wird. Während diese Form des Opfers hauptsächlich bei traditionellen Stammeskulturen zu finden ist, kommt dem Opfer im Kontext des politischen Mythos eine andere Rolle zu, „eines der wichtigsten und zugleich umstrittensten Themen", wie Speth schreibt.[75] Hier wird zumeist das Opfer im Sinne des „Verzichtes" gesehen. Verzicht auf individuelle Selbstverwirklichung zum Wohle der Allgemeinheit. Indem das Individuum seine Rolle (seinen Platz) in der Gesellschaft einnimmt, trägt es zu ihrem Wohl bei. Dies impliziert freilich auch eine Unterordnung unter die Führung (Regierung). Im Sinne der Freund-Feind-

---

[73] Kertzer, David I.: Rituals, 1988. S. 62.
[74] Kertzer, David I.: Rituals, 1988. S. 67.
[75] Speth, Rudolf: Nation, 2000. S. 111.

Dialektik, wird damit die Geschlossenheit der Gesellschaft betont. Es ist „die Überzeugung, dass eine Gruppe (Nation, Staat, Partei) sich gegen Feinde behaupten kann, wenn sie nur hart arbeitet, zu Opfern bereit ist und der Führung Gefolgschaft leistet. Im Kontext einer Krisenstimmung, die bei vielen ohnehin immer gegeben ist, trifft ein solcher Appell auf ein starkes und begeistertes Echo, selbst dann – oder vielleicht gerade dann - , wenn die genaue Natur der Arbeit, des Opfers und der Gefolgschaft im unklaren gelassen wird. In seiner Präsidentenbotschaft hat Kennedy dieses Thema mit eindrucksvollem Erfolg variiert, als er sagte: ´Fragt nicht, was euer Land für euch tun kann. Fragt, was ihr für euer Land tun könnt!´, und dies an anderen Stellen der Rede wiederholte".[76]

Edelman hebt hier hervor, dass die Art des Opfers nicht klar definiert wird. Bleibt diese Bestimmung aus, so verstärkt es den emotionalen Druck auf das Individuum. Im Gefühl, Opfer erbringen zu müssen, stellt sich ihm eine Bandbreite an Handlungsspielraum dar. Vom einfachen Unterordnen in die Gemeinschaft, bis hin zum aufopfernden Tode des Soldaten. Wer sein Leben nach den vorgegebenen Regeln gelebt hat und damit „zum Wohle der Gemeinschaft" selbstlos geopfert hat, wird zum Helden erkoren. Die Heldenverehrung spielt daher innerhalb des Mythos eine zentrale Rolle und bedarf besonderer Beachtung.

8. Die Heldenverehrung

a) Entsprungen aus der Mitte der Gesellschaft

„Der Held ist der, der in Freiheit sich beugt.".[77] Diese Aussage Campbells scheint zunächst einmal widersprüchlich zu dem vorher Gesagten, wurde doch der emotionale Druck hervorgehoben, welcher der Freiheit entgegensteht. Zugleich jedoch wurde gezeigt, dass das erwartete Opfer nicht definiert ist. Damit ist gleichzeitig die Art des Opfers als Wahlmöglichkeit – und damit Freiheit – nach wie vor gegeben. Sich innerhalb dieser Freiheit zu beugen, ist daher Charakteristikum des Helden.

---

[76] Edelman, Murray: Ritual, 1976. S. 160.
[77] Campbell, Joseph: Heros, 1953. S. 22.

Um zu verstehen, weshalb der Held eine so bedeutende Rolle für den Mythos und vor allem für den politischen Mythos spielt, muss zunächst dargelegt werden, was den Helden ausmacht.

„Für Helden besteht ein dauerndes Interesse auch dann, wenn wir der Heldenverehrung unserer Jugend entwachsen sind.".[78] Mit diesem Zitat sagt Sidney Hook bereits aus, dass Heldenverehrung nicht in einen Bereich unseres Lebens zu stellen ist, vielmehr benötigen wir Heldenbilder unser ganzes Leben hindurch. Damit wird implizit auf eine Funktion eingegangen, welche der Held erfüllen muss. Diese bestimmte Funktion des Helden macht ihn für den politischen Mythos entscheidend. Er dient damit gleichsam als Vorbild, das den Weg aufgezeigt hat, in welcher Form das Individuum Opfer zu erbringen hat. Doch so wie das Individuum innerhalb der Gesellschaft den Helden benötigt, so benötigt der Held auch die Gesellschaft, welche ihm Verehrung entgegen bringt. Erst die Verehrung definiert den Helden zum Helden. Nicht alleine besondere Taten machen den Held zum Held sondern erst die damit verbundene Bewunderung und Verehrung. Wie bereits erwähnt kann der Held von „außen" aufgebaut werden.[79] Eine Heldenverehrung kann aus einem politischen Rahmen konstruiert werden. Dies jedoch bedarf immer auch einer bereits offenen Haltung von „innen" heraus, die zuvor bestehen muss.[80] Den Gesellschaften muss also bereits eine Offenheit gegenüber Heldenmythen inhärent sein. Besonders zu Krisenzeiten tritt diese Offenheit zu Tage. „Ein sozialer und politischer Notstand – d.h. eine Lage, in der etwas geschehen muss, und zwar schnell – erhöht ganz von selbst das Interesse für den Helden. [...] Je brennender die Not, um so inbrünstiger der Wunsch nach dem geeigneten Mann, der sie meistert: mag er sich nun als stilles Gebet oder als öffentlicher Ruf manifestieren."[81] Freilich kann diese Aufgabe nur von einer Person übernommen werden, welche übernatürliche Fähigkeiten besitzen muss. Der Held nämlich spiegelt das Außergewöhnliche wieder, das Nicht-Alltägliche, die Superlative. Jedoch immer im Bewusstsein, dass der er aus der Alltäglichkeit der Gesellschaft

---

[78] Hook, Sidney: Held, 1951. S. 13.
[79] Mit „außen" ist hier die Einflussnahme von Politik u. a. gemeint, welche gezielt einen Heldenmythos aufbauen und einsetzen kann, um die Gesellschaft zu lenken.
[80] Mit „innen" ist hier Gesellschaft ohne äußere Einflüsse gemeint, welche bereits eine Offenheit gegenüber Heldenverehrung besitzen muss, damit diese Früchte tragen kann.
[81] Hook, Sidney: Held, 1951. S. 22.

heraustritt. Seine Wurzeln liegen daher immer auch innerhalb der Gesellschaft selbst, die ihn dadurch erst verehren kann. Es bleibt der Anspruch, dass der Held „einer von uns" ist. Entsprungen aus der Gesellschaft, mittels bestimmter Taten und Fähigkeiten, die ihm zugerechnet werden.

Der Punkt des „Entspringens aus der Gesellschaft" wird oftmals mit einer Berufung gleichgesetzt. Entstammt der Held der Gesellschaft, so unterliegt er zwangsläufig einem Prozess, der ihn aus der Gesellschaft heraustreten lässt. In der Heldentheorie wird hier von den „Stadien des Helden" gesprochen. Dabei ist das erste Stadium die Berufung. „Im ersten Stadium der mythischen Fahrt, der Berufung, wie wir sie genannt haben, hat die Bestimmung den Helden erreicht und seinen geistigen Schwerpunkt aus dem Umkreis seiner Gruppe in eine unbekannte Zone verlegt."[82] Die weiteren Stadien beziehen sich vorwiegend auf die Struktur der archaischen Heldenerzählungen und sind damit nur bedingt übertragbar auf die moderne Heldentheorie.[83] Demnach folgt dem ersten Stadium, der Berufung, die Weigerung. Mittels übernatürlicher Hilfe jedoch entscheidet sich der Held im dritten Stadium für sein Schicksal. Er überschreitet die erste Schwelle, und ist von nun an dem Weg der Prüfungen unterworfen. Auf diesem Weg unterliegt er oft genug den Verführungen. Diese zeigen sich klassischerweise in Gestalt des Weibes. Erst zuletzt erfolgt die Versöhnung mit dem Vater (symbolhaft für das, was verlassen wurde).[84] Hierin erfährt der Held auch seine endgültige Segnung. Wie jedoch kann ein Held nun erkannt werden? Alleine der Aufbruch und der damit verbundene Prozess formt keinen Helden. Vielmehr sind die Taten entscheidend, die den Helden zum Helden werden lassen.

---

[82] Campbell, Joseph: Heros, 1953. S. 58.
[83] Es lassen sich dennoch erstaunliche Parallelitäten dieses Prozesses zu der Figur Che Guevaras aufzeigen. (Dies wird in den zweiten Hauptteil mit einfließen, und ist hier noch ohne Belang.)

b) Geschichtsbeeinflussend oder Geschichtsgestaltend?

Sidney Hook trifft in seinem Buch „Der Held in der Geschichte" die Differenzierung zwischen geschichtsbeeinflussenden und geschichtsgestaltenden Persönlichkeiten. Nur Letztere, so Hook, sind dazu auserkoren, Helden zu sein. „Es ist der Held als geschichtsgestaltender Mensch, welcher der Geschichte den nachhaltigen Stempel seiner Persönlichkeit aufdrückt – ein Eindruck, der auch nach seinem Abtreten von der geschichtlichen Bühne noch erkennbar ist."[85] Worin liegt jedoch für Hook der Unterschied zwischen geschichtsbeeinflussend und geschichtsgestaltend?

Beide – sowohl der geschichtsbeeinflussende, als auch der geschichtsgestaltende Mensch – treten nach Hook an den „Scheidewegen" der Geschichte auf. Die in der jeweiligen Situation bestehenden Möglichkeiten des Handelns wurden durch äußere Einflüsse bereits vorgegeben. So hatte der geschichtsbeeinflussende Mensch bis zu diesem Zeitpunkt nicht die Möglichkeit in den Geschichtsverlauf einzugreifen. Er befindet sich nur „zum richtigen Zeitpunkt am richtigen Ort". Denn, „es bedarf zur geschichtsbeeinflussenden Tat seinerseits nur einer verhältnismäßig einfachen Handlung – eines Erlasses, eines Befehles, einer Entscheidung des gesunden Menschenverstandes. Er [der geschichtsbeeinflussende Mensch] kann seine Rolle ́verpatzen ́ oder sich von jemand anderem ́wegschnappen ́ lassen. [...] Der Schluss auf seine Tugend oder Verworfenheit wird auf Grund der glücklichen oder unglücklichen Folgen seiner Handlung gezogen, nicht aufgrund der Eigenschaften, die er bei der Durchführung an den Tag legt".[86] Hier zeigt sich die Unterscheidung zwischen geschichtsbeeinflussender Persönlichkeit, und geschichtsgestaltender Persönlichkeit, letztlich dem Helden. Denn Letzterer besticht durch seine Fähigkeiten. Erst im Zusammenspiel mit den besonderen Fähigkeiten – wie bereits oben erwähnt – erscheint die Tat des Helden in einem übernatürlichen Licht. „Auch der geschichtsgestaltende Mensch findet seinen Scheideweg auf der geschichtlichen Straße, aber er hat sozusagen Anteil an dessen Entstehung. Er erhöht die Erfolgsaussichten für die von

---

[84] Vgl. hierzu etwa die Geschichte des verlorenen Sohnes in der Bibel.
[85] Hook, Sidney: Held, 1951. S. 168-169.
[86] Hook, Sidney: Held, 1951. S. 168.

ihm gewählte Alternative auf Grund der außergewöhnlichen Fähigkeiten, die er bei ihrer Verwirklichung einsetzt."[87] Damit bekommt die Tat erst Gewichtung aufgrund der Fähigkeit des Helden. Die Fähigkeiten und Tugenden sind es auch, welche verehrt werden.

Jedoch tritt eine weitere Komponente hinzu. Die aktive Anteilnahme an der Entstehung einer Situation, welche dem Helden die Möglichkeit einer geschichtsgestaltenden Tat eröffnet, bedeutet zugleich, sich im Interessenfeld gegensätzlicher Ansichten zu bewegen. Da der Held jedoch nicht Marionette einer Gruppe ist, sondern eben aktiv in das Geschehen eingreift, muss er verschiedene Gruppen gegeneinander ausspielen. Er wird dabei zugleich abhängig von gruppengeleiteten Interessen. „Wir kommen demnach zu dem Schluss, dass der Held keinerlei Einfluss auf geschichtliche Ereignisse ausüben kann, ohne dabei gewissen sozialen und gruppenmäßigen Interessen – in wirtschaftlicher, nationaler und psychologischer Hinsicht – zu dienen; doch er dient ihnen derart, dass er sich immer ein beträchtliches Maß an Entscheidungsfreiheit darüber vorbehält, welche Interessen es zu fördern und welche es zu knebeln oder hintanzustellen gilt."[88] Der Held findet sich somit in einem Spannungsfeld wieder, in einer Einheit von Gegensätzen. So bestimmt letztlich eine wesentliche Fähigkeit den Helden: Er muss in der Lage sein, die Einheit der Gegensätze leben zu können – zwischen einer Gruppe und der anderen Gruppe, übernatürlich und natürlich, außerhalb der Gesellschaft stehend und ihr entsprungen.

c) Der Held als *Trickster-Figur*

Diese Fähigkeit, offensichtliche Gegensätze in sich binden zu können, beschreibt Rudolf Speth anhand der *Trickster-Figur*. Es geht dabei nicht nur um die Gegensätze innerhalb des Helden, sondern auch um Gegensätze innerhalb der Gesellschaft, welche die *Trickster-Figur* – und nur sie – überwinden kann, aufgrund der Tatsache, dass sie in sich bereits beides verbindet. Damit wird die *Trickster-Figur* für den politischen Mythos

---

[87] Ebd., S. 168.
[88] Ebd., S. 181-182.

essentiell. „Der Trickster ist eine Figur, die aufgrund ihrer Fähigkeiten Gegensätze vermitteln kann. Sie hat von beiden Seiten etwas und bringt dadurch Bewegung in die starre Gegenüberstellung. Aufgrund dessen hat der Trickster einen doppeldeutigen Charakter. Für politische Mythen sind Trickster-Figuren essenziell, weil sie Verbindungen schaffen zwischen sich gegenüberstehenden Gruppierungen und soziale und politische Gegensätze in Bewegung bringen."[89]

Gilt diese Erkenntnis als Vorraussetzung zum Heldendasein, so wird implizit bereits angedeutet, dass sich nicht jeder zum Helden eignet. Zwar wird man nicht als Held geboren – dieser Rückschluss ist ebenso falsch – jedoch müssen bestimmte Fähigkeiten bereits gegeben sein, die es einer Person ermöglichen, zum Held zu werden. „Nicht jeder eignet sich zum Helden, schon gar nicht eine bürgerliche Durchschnittsexistenz. Tragik und Außeralltäglichkeit muss der Held als Kennzeichen bewahren, um in die Galerie politischer Heroen einzuziehen. Der Held zeichnet sich durch eine gewisse Doppelbödigkeit und Widersprüchlichkeit aus. Er ist eine Trickster-Figur, die Übergänge bewältigen kann. [...] Die mythisierte Person wird von der historischen Person abgesetzt, das Interesse an Letzterer verschwindet. An ihre Stelle tritt die heroische Person, die bewundert, verehrt und mit einer Aura versehen wird."[90]

Innerhalb der Heldenverehrung ist diese Aura unantastbar. Dennoch gibt es zu jedem Helden auch einen Gegenspieler, der die Aura des Helden angreift. Dieser Gegenspieler ist im klassischen Sinne der Verräter.

d) Der Held und sein Gegenspieler: der Verräter

Held und Gegenspieler hat Herfried Münkler am klassischen Beispiel des Nibelungenliedes dargestellt, anhand des Mordes von Hagen an Siegfried. Für den politischen Mythos ist die bereits angesprochene Dualisierung – im Sinne Freund/Feind – bedeutend. Der politische Mythos „trennt, er spaltet ab und gibt den Feind zur Tötung frei, indem er ihn entweder als eine

---

[89] Speth, Rudolf: Nation, 2000. S. 58-59.
[90] Ebd., S. 121.

heimtückische, lebensbedrohliche Gefahr stilisiert oder als hässlich und böse darstellt.".[91]

Jedoch ist der Feind nicht nur von außen gegenwärtig, sondern auch von innen. Die Gefahr aus den eigenen Reihen manifestiert sich im Verräter. Ein Verräter kann immer nur aus den eigenen Reihen kommen[92], aus dem engsten Kreis, da er, um zu verraten, Wissen haben muss, das nur ein Eingeweihter besitzen kann. Prägnant ausgedrückt in der Formel: „Nur ein Freund kennt deine Geheimnisse, also kann auch nur er sie verraten." – Zum Klassischen Bild des Verräters ist Judas geworden. Doch es steckt im Bild des Verräters weitaus mehr. Fast könnte man sagen, dass jeder Held zugleich auch seinen Verräter hervorbringt. So drückt sich im Verrat auch immer Neid aus. Neid und Missgunst um die oben erwähnten Fähigkeiten. Damit stellt sich die Frage, ob Verrat nicht eine urmenschliche Tugend ist.[93]

„Der Verrat ist das Gegenbild der Treue.", so Münkler.[94] Wäre Verrat aber nun eine menschliche Tugend, so ist Treue in diesem Sinne unmenschlich, übermenschlich, heldenhaft. Dies zeigt, worin die Verehrung eines Helden wurzelt. Im Wissen um seine Menschlichkeit, die jedoch gleichsam übermenschliches vollbringt – übermenschlich im Sinne, dass diese Werte im sozialen Miteinander nicht gelebt werden.

Nichtsdestotrotz ist auch ein Held nicht allen Situationen gewachsen. So liegt in der Heimtücke des Verrates des Helden Untergang. Wo er im offenen Kampfe fähig gewesen wäre, standzuhalten, da trifft ihn das Schwert oder die Kugel des Verräters von hinten.

---

[91] Münkler, Herfried: Siegfrieden, 1988. S. 119.

[92] Vgl. hierzu etwa die „Dolchstoßlegende", welche glauben machen wollte, dass das Deutsche Heer im Ersten Weltkrieg durch den Dolchstoß (fehlende Unterstützung) aus den eigenen Reihen den Kampf verloren hatte.

[93] Vgl. hierzu die Fiktion „Drei Fassungen des Judas" von Borges. In dieser Fiktion stellt Borges Judas als den „wahren Messias" heraus, da nur er in der Lage war, menschlich auf das Wunder Gottes zu reagieren, nämlich mit Verrat.

[94] Münkler, Herfried: Siegfrieden, 1988. S. 120.

e) Über die Notwendigkeit des frühen Todes

Wie der Held des Verräters bedarf, so bedarf er auch der Notwendigkeit eines frühen Todes. „Der letzte Akt in der Lebensgeschichte des Helden ist der Tod oder der Fortgang. Darin findet der ganze Sinn seines Lebens sein Denkmal. Unnötig zu sagen, das der Held keiner wäre, wenn der Tod für ihn irgendeinen Schrecken hätte; die erste Bedingung ist Versöhnung mit dem Grab."[95]
Dies eröffnet jedoch noch eine weitere Perspektive. Freilich muss der Held nicht zwangsläufig an den Folgen eines Verrates sterben. Der gewaltsame Tod kann durch Heimtücke eintreten, aber auch im offenen Kampf. Im Sinne des Helden jedoch muss er immer ein gewaltsamer Tod sein. Denn, „ein gewaltsamer Tod ist besser geeignet für postmortale Verehrung", wie Gottfried Korff feststellt.[96] Der offene Kampf ist daher, neben dem Meuchelmord, eine zweite Alternative des Heldentodes. Freilich ist auch hier wieder die Dualität mit im Spiel. Nicht im Sinne des Verrates, wohl aber im Sinne Freund/Feind. Fällt der Held im Kampf Mann gegen Mann, so ist sein Tod ehrenhaft. „So nimmt es nicht Wunder, wenn sowohl Ernst Jünger als auch Carl Schmitt im Partisanen [...] das letzte Refugium des Heroischen in einer Welt gigantischer Massenvernichtungswaffen gesehen haben. Durch seine spezifische Kampfweise ist der Partisan noch überwiegend auf Zweikampfwaffen verwiesen, und selbst wo er sich der Maschinenwaffe bedient, handhabt er sie als Zweikampfwaffe."[97] Wenngleich sich die Partisanenbewegung aus allen Altersklassen zusammensetzt, so ist das Bild des Partisanen stets mit der Assoziation des jugendlichen Kämpfers verbunden.
Wer gewillt ist, in den Kampf zu ziehen, der ist auch bereit, sich zu opfern. Helden werden daher gerne zu Märtyrern stilisiert.

---

[95] Campbell, Joseph: Heros, 1953. S. 326.
[96] Korff, Gottfried: Personenkult, 1997. S. 202.
[97] Münkler, Herfried: Siegfrieden, 1988. S. 117.

f) Sakralisierung

Stilisierung zum Märtyrer ist in ihrer Form Sakralisierung. Mittels der Sakralisierung wird einer profanen Person (oder einer Sache) ein heiliges Attribut angedichtet. „Das Ziel der Sakralisierung ist es, eine Aura des Unnahbaren, des Erschauerns und des Fraglosen zu erzeugen. Was sakral ist, ist nicht hinterfragbar und verbreitet um sich eine Wirkungsmächtigkeit, die den Betrachter in ihren Bann zieht. Was heilig ist, hat zeitlose Geltung, ist dem Vergehen und der historischen Kritik enthoben."[98] Damit eignet sich die Sakralisierung zur Beeinflussung von Massen innerhalb eines politischen Prozesses.

Jedoch ist hier Vorsicht angebracht. Oftmals wird ein politischer Mythos, der sich des Mittels der Sakralisierung bedient, religiös gedeutet. Diese Religiosität hat nur insofern Bedeutung, als sich der politische Mythos mittels der Sakralisierung der Transzendenz bedient. Transzendenz freilich in oben genanntem Sinne, als eine Überordnung, die nicht in Frage gestellt wird. Die Interpretation liegt dann in der Hand einiger Auserwählter. So sind nach Speth die Strategien der Sakralisierung jene, „dass bestimmte Bereiche abgegrenzt werden, sei es in räumlicher oder zeitlicher Art und Weise, und das diese Bereiche nur von Spezialisten interpretiert werden dürfen (Verfassung) oder mit einer Aura versehen werden (Gedenkstätten)".[99]

In Bezug auf die Heldentheorie sind vor allem die Gedenkstätten von Bedeutung. Sie verleihen dem Helden eine zusätzliche Aura, und vermitteln die ständige Gegenwärtigkeit des Helden.[100] „Der Mythos integriert lebende und tote Generationen einer politischen Gemeinschaft [...]: Die Toten, so der Tenor aller Kriegsdenkmäler, sind eine Mahnung für die Lebenden."[101] Die Toten sind damit permanent präsent. Mehr noch, es wird der Anschein erweckt, als schliefen sie lediglich bis zu dem Tage, an dem sie auferstehen werden. „Man glaubt sogar, dass der Heros dem Tode

---

[98] Speth, Rudolf: Nation, 2000. S. 125.
[99] Ebd., S. 126.
[100] Ganz prägnant ist hier das Lenin Mausoleum, auf das Korff hingewiesen hat. Die Einbalsamierung Lenins und der gläserne Sarg vermittelten eine Aura der Präsenz.
[101] Münkler, Herfried: Siegfrieden, 1988. S. 66. – Siehe auch z. Bsp. das Münchner Siegestor mit der Aufschrift: „Dem Sieg geweiht, vom Krieg zerstört, zum Frieden mahnend".

länger zu widerstehen vermag, dass er selbst aus der Unterwelt wieder zurückkehren kann. Oder, was damit zusammenhängt, dass er den Tod besiegt, die Höllenmächte triumphiert....", so Korff.[102] Hierin spiegelt sich eine Erwartungshaltung, die an den Helden gestellt wird. Gleichsam als weltlicher Heiliger verehrt, dient er als Fürsprecher und offenes Ohr. „Der Held, welcher in seinem Leben die Doppeltheit darstellt, ist nach seinem Tode immer noch ein Bild, das das Entgegengesetzte vereinigt: wie Karl der Große schläft er nur, und wird zur Schicksalsstunde wieder aufstehen, oder er ist unter einer anderen Form noch unter uns."[103] Diese immerwährende Präsenz entbindet den Helden von der Zeit. Er lebt in der Zeitlosigkeit.

So wie er selbst als Opfer angesehen wird, so werden ihm wiederum Opfer dargebracht. Als deren Altäre dienen, in diesem Sinne, die Denkmäler und Bilder, also die Ikonen.

9. Ikonographie

Mit der Ikonographie – der Lehre von den Bildern – erschließt sich, neben dem Ritual, der noch ausstehende nicht-sprachliche Träger des Mythos. Herfried Münkler hat in diesem Zusammenhang auf die zwei wesentlichen Strategien der Mythosbildung verwiesen, der narrativen Extension und der ikonischen Verdichtung.[104]

Gerade der politische Mythos bedient sich häufig der Bilder. „Ikonische Gestaltung war für das politische Handeln und in der Geschichte der politischen Ideen immer ein wichtiger Strang. [...] Vielfach wird dabei der Ideengehalt des politischen Handelns in ein Bildprogramm umgesetzt, das sich vorfindbarer Formen der Bildgestaltung und etablierter ikonischer Inhalte bedient."[105] Weshalb nun Bilder?

Vereinfacht gesagt haben Bilder den Vorteil, dass sie visuell Assoziationen wecken, welche die narrativen Grundlagen des Mythos einschließt. Das

---

[102] Korff, Gottfried: Personenkult, 1997. S. 205.
[103] Campbell, Joseph: Heros, 1953. S. 327.
[104] Vgl. hierzu Münkler, Herfried: Siegfrieden, 1988. S. 66f.
[105] Speth, Rudolf: Nation, 2000. S. 122.

heißt, die Bilder werden zur Sache, die der Mythos behandelt. Somit dienen sie als „Abbreviaturen des Narrativen, sie verweisen auf die zu Grunde liegende narrative Sinnstruktur, können aber diese schnell verfügbar machen und zur Präsenz bringen. Bilder und damit auch politische Bilder, gehen weiter als Sprache jemals gehen kann, sie vermitteln einen Gesamteindruck, den die Sprache in ihrer diskursiven Struktur nicht erreichen kann", so Speth.[106] Mit dem Bild verbundene Emotionen gehen also tiefer in das Bewusstsein des Menschen ein als sprachliche Wendungen. So kann auch die bereits erwähnte Dualität (Freund/Feind) des politischen Mythos besser durch Bilder dargestellt werden.[107] „Das Entweder-oder, die plakative Gegenüberstellung, die Benennung des Gegners, die Dualisierung in Freund und Feind, die Moralisierung von Handlungsalternativen, die Emotionalisierung von Entscheidungen und überhaupt die Reduktion politisch komplexer Sachverhalte lassen sich durch ikonische Gestaltung besser und wirkungsvoller ins Werk setzen als durch umständliche Erzählungen."[108]

Dies wird vor allem auch dadurch erreicht, dass gerade auch visuelle Symbole (Ikonen) nur bestimmte Deutungsvarianten zulassen. Dörner spricht hier von „semantischer Verknappung". „Nur durch diese semantische Verknappung, durch die Stabilisierung von wenigen Deutungsvarianten ist gewährleistet, dass Symbole als zuverlässige Medien des Interdiskurses fungieren können, dass sie Wiedererkennungswert und unmittelbare Evidenz besitzen. Dies gilt natürlich in besonderem Maße für Parteiensymbole und jene visuellen Chiffren, die wie Signale in kürzester Zeit Zugehörigkeiten und Abgrenzungen anzeigen können: man denke nur an die phrygische Mütze der Jakobiner, die erhobene Faust oder an das Hakenkreuz."[109]

In Bezug auf die Stilisierung einzelner Personen zu Mythen, hebt Münkler hervor, dass „fast immer [...] Bilder mehr als Geschichten dazu beigetragen [haben], die reale Person eines Politikers zum Mythos des großen Führers

---

[106] Speth, Rudolf: Nation, 2000. S. 123 – Mit Bezugnahme auf Susanne K. Langer: Philosophie auf neuem Weg. Frankfurt/Main, 1984. S. 201.
[107] Vgl. hierzu auch die Wahlplakate der Parteien im Wahlkampf, die meist die gegnerische Partei negativ erscheinen lassen, die eigene Partei dagegen positiv.
[108] Speth, Rudolf: Nation, 2000. S. 124.
[109] Dörner, Andreas: Politischer Mythos, 1995. S. 79.

zu steigern".[110] Dabei ist „eines der probatesten Mittel, die Erscheinung eines Politikers zu entzeitlichen, [...] die Entfernung des Hintergrunds, wenn darin der geschichtliche Augenblick der Aufnahme festgehalten ist. So wird der Politiker zu einer mythischen Gestalt, der Geschichte enthoben, aber immer bereit, in sie zu intervenieren. Die Entzeitlichung des Bildzusammenhangs, die durch eine bestimmte Farbe oder eine unbestimmbare Menschenmenge als Hintergrund herstellbare Verlängerung des Augenblicks in die Dauer steigert die Präsenz des Politikers zur Omnipräsenz – und genau dadurch gewinnt seine Person mythische Dimensionen."[111] Ein sehr schönes Beispiel bietet hier das Bild Che Guevaras, jenes klassische Bild des „guerrilero heroico", geschossen von Alberto „Korda" Diez. Es wurde bekannt unter dem Namen „Korda-Foto" und zeigt Che mit entschlossenem Blick auf den Horizont, auf seinem Kopf das Barett mit dem goldenen Stern, darunter sein wallendes Haar. Auf dieses Foto wird im zweiten Teil noch explizit eingegangen werden.

10. Mythos und Medien

Im Zeitalter der Medien erleben wir tagtäglich eine Flut von Bildern. Bilder, die in diesem Sinne mythische Elemente darstellen. Wer, wenn nicht die Medien, ist prädestiniert, Bilder zu nutzen? Wie Hartmut Heuermann feststellt, sind „die Sprache der Poesie, die Symbole der Kunst, die semiotischen Systeme der modernen Medien [...] geradezu die Konservatoren mythischer Weltdeutung [...], weil sich in ihnen die Vitalität der Bilder offenkundig erhalten und die Imagination als Organum des Wirklichkeitsverständnisses behauptet hat".[112] Dörner spricht sogar davon, dass „die Vermittlung politischer Mythen immer einer medialen Materialisierung bedarf, da sonst kein Rückschluss auf Bedeutungen durchzuführen ist".[113]

---

[110] Münkler, Herfried: Politische Bilder, 1994. S. 14.
[111] Münkler, Herfried: Politische Bilder, 1994. S. 15.
[112] Heuermann, Hartmut: Medienkultur, 1994. S. 70.
[113] Dörner, Andreas: Politischer Mythos, 1995. S. 84.

Dieser Tatsache bewusst, nutzt die Politik geschickt die Medien. Auf der anderen Seite wiederum nutzen die Medien politische Inhalte zur Einflussnahme.[114] So ist es wenig verwunderlich, dass auch politische Mythen heute hauptsächlich durch die Massenmedien verbreitet werden. Manfred Schmitz sieht die Mythen als „vor allem über die Massenmedien verbreitete Deutungsmuster, die unhinterfragt verschiedensten Ereignissen Sinn verleihen".[115] Dabei greifen die Medien zumeist auf Personen zurück, da sich „Köpfe" besser darstellen lassen als „Sachen". Jedoch, so Schmitz, vereinfachen die „Köpfe" die Darstellung nicht nur, sondern stehen fortan für die „Sache" selbst.[116] Dieser Tatbestand ermöglicht und vereinfacht zugleich die Identifikation mit dem Mythos selbst. So treten die einzelnen Mitglieder der Gesellschaft als Symbolträger auf, „z. B. durch Tragen von Buttons, Fahnen und Transparenten oder durch Verwenden von Autoaufklebern".[117] Am Beispiel des Präsidenten der USA lässt sich dies zeigen. Seit dem 11. September 2001 trägt er einen Button mit der amerikanischen Flagge an seinem Jackett. Wer sich also mit einem Bild schmückt, welches im Kontext eines politischen Mythos angesiedelt ist, zeigt damit zugleich seine Affinität gegenüber dem Inhalt dieses Mythos. Diese kann Sympathie sein, oder aber auch kritische Stellungnahme beinhalten.

Diese Stellungnahme gegenüber dem Mythos zeigt sich in den zur Rezeption geeigneten Medien: „Kunst, Literatur, Theater, Film und Texte, die rezeptive Reaktionen dokumentieren, sowie die elementare Literatur vom Sammelbildchen bis zum Leitartikel", sind diese Medien nach Dörner.[118]

---

[114] Dabei nimmt der Wettbewerb der Medien untereinander mitunter groteske Formen an. In Bezug auf Kriegsberichterstattung hat dies Mira Beham in ihrem Buch „Kriegstrommeln" sehr anschaulich gezeigt.
[115] Schmitz, Manfred: Märchen, 1996. S. 46.
[116] Ebd., S. 48.
[117] Ebd., S. 49.
[118] Dörner, Andreas: Politischer Mythos, 1995. S. 87.

11. Die Funktion des Mythos

Es bleibt die Frage nach der Funktion des Mythos – insbesondere des politischen Mythos – welche in diesem Absatz geklärt werden soll. Wie bereist dargelegt wurde, haben Mythen eine identitätsstiftende Wirkung dergestalt, dass sie qua Narration Erklärungsmuster liefern und somit einen Dialog zwischen Individuum und der Gesellschaft herstellen. Mittels dieses Dialoges setzt sich das Individuum in den Gesamtzusammenhang – es gibt sich eine Rolle. Die Wechselwirkung zwischen Individuum und Gesellschaft, aufgrund der Rollenbindung, wirkt zugleich identitätsstiftend sowohl für das Individuum als aber auch für die Gesellschaft.[119] „Mythen sind im positiven Sinne ein Medium der kollektiven *Selbstthematisierung* und damit der semiotischen Konstruktion von *Identität*. Der Mythos ermöglicht allen an der Kommunikation beteiligten Individuen, das komplexe Geflecht des sozialen Verbandes, dem sie angehören, als eine handlungsfähige und sinnvolle, gleichsam historisch `gemeinte` Einheit wahrzunehmen. [...] Diese `Einheit´ ist je konkret ausgestaltet: es wird nicht nur deutlich, dass man sich selbst sieht, sondern auch, als was man sich verstehen möchte. Daher sind in den mythischen Erzählungen die zentralen Werte und Eigenschaften einer Gemeinschaft markiert. Und, da jede Identität sich nur in Abgrenzung gegen das `Andere` formulieren kann, werden in Verbindung mit mythischen Gegenspieler-Aktanten auch die Qualitäten benannt, die man nicht haben will, von denen man sich abgrenzen will", so Dörner.[120]

Diesen Umstand machen sich die politischen Mythen bewusst zunutze und haben damit die Möglichkeit, Individuen, wie auch Gruppen, gezielt zu steuern. Die Steuerung jedoch lässt dem Individuum keine Entscheidungsfreiheit – oder zumindest nur die zwischen zwei Alternativen – pro oder contra. Freilich ist die vermeintliche Alternative damit keine Alternative mehr. Es entsteht eine gewisse Zwangslage, die jedoch zugleich auch entlastend wirkt. Denn, wie Speth bemerkt, „entlasten [die Mythen] dabei das Individuum in der Bewertung von Ereignissen, weil sie Muster bereitstellen, nach denen die Realität schablonenhaft geordnet werden kann. Politische Mythen erfüllen damit die Funktion, die in vormodernen

---

[119] Dies ist Prämisse der „kulturtheoretischen Einordnung" der Mythen.
[120] Dörner, Andreas: Politischer Mythos, 1995. S. 93.

Gesellschaften die Religion innehatte: Sie versorgen die Gesellschaft mit einem Weltbild, einer Totaldeutung der Wirklichkeit".[121] Darin liegt natürlich die Funktion, aber mit ihr auch eine besondere Gefahr politischer Mythen.[122] „Politische Mythen können daher ein extrem destruktives Potential entfalten, indem sie Konflikte eskalieren lassen und die Lösung eher im Kampf als im Konsens suchen", folgert Speth.[123]

Somit dient der politische Mythos zwei Seiten, der Seite der Regierenden, auch die „Aktiven" im politischen Prozess, aber auch der Seite der Regierten, also die „Passiven" im politischen Prozess. Zunächst dient er den Regierenden als Legitimation ihrer Politik und als Mittel zur Steuerung der Individuen und Gruppen. Gleichermaßen dient er aber auch den Regierten – wenngleich hier eher unbewusst – indem er ein Erklärungsmodell der Realität bietet. Dabei werden die realen Dinge nicht erklärt, sondern in Form einer Feststellung als gegeben angenommen. Wie Barthes schreibt, entleert sich somit das Reale: „Die Funktion des Mythos besteht darin, das Reale zu entleeren, er ist buchstäblich ein unablässiges Ausfließen, ein Ausbluten, oder wenn man lieber will, ein Verflüchtigen, also eine spürbare Abwesenheit. [...] Der Mythos leugnet nicht die Dinge, seine Funktion besteht im Gegenteil darin, von ihnen zu sprechen. Er reinigt sie nur einfach, er macht sie unschuldig, er gründet sie als Natur und Ewigkeit, er gibt ihnen Klarheit, die nicht die der Erklärung ist, sondern die der Feststellung."[124] Die Feststellung dient den politisch „Schwachen" zugleich als Erklärung und Rechtfertigung der bestehenden Ordnung. „In ihrer extremen Form sorgen Mythen für die Sinnhaftigkeit der Welt und eine Rationalisierung des Konformismus bei all jenen, die am wenigsten in der Lage sind, sich durch innovatives Verhalten oder demonstrativen politischen Erfolg durchzusetzen und auszudrücken und so ihre Identität zu gewinnen. Sie vermitteln die unkritische Bindung an etablierte Führer, unbeschadet der von ihnen im einzelnen verfolgten Politik."[125]

---

[121] Speth, Rudolf: Nation, 2000. S. 138.

[122] Zu Erinnern ist hier an unsere eigene unrühmliche Vergangenheit in der Zeit von 1933-1945. Die NS-Weltanschauung gab den Menschen in Deutschland eine Totaldeutung, die, wenn sie nicht kritisch hinterfragt wurde, als „Universalausrede" herhalten musste. (zumindest nach dem Krieg – „wir haben es ja nicht besser gewusst....")

[123] Speth, Rudolf: Nation, 2000. S. 138.

[124] Barthes, Roland: Alltags, 1992. S. 131.

[125] Edelman, Murray: Ritual, 1976. S. 160.

Da der Mythos, insbesondere wenn er politisch eingesetzt wird, die Realität verfälscht, sie nur einer Deutung preisgibt, ist es gleichsam unmöglich, ihn wissenschaftlich zu erfassen. Zugleich bedingt diese einseitige Deutung des Mythos immer auch einen „Gegen-Mythos", oder gar mehrere Varianten eines Mythos. So muss die Untersuchung stets auch den jeweiligen Blickwinkel im Auge behalten, sonst hat der politische Mythos seine Funktion bereits erfüllt, die Verklärung der Realität, und die Annahme einer einzig, vermeintlich richtigen Deutung des einen Mythos. Dennoch soll hier im Folgenden lediglich die lateinamerikanische Sichtweise[126] betrachtet werden, was eine Auseinandersetzung mit der lateinamerikanischen Sicht voraussetzt.

12. Mythos und Eschaton: Das Motiv des Exodus

Ein wichtiger – vor allem im Hinblick auf die vorliegende Arbeit wichtiger – Gedanke sei zuletzt noch erwähnt. Es handelt sich um die Zukunftgerichtetheit des Mythos, das Zusammenspiel von Mythos - und hier auch politischem Mythos - und Eschaton. Diese Zukunftgerichtetheit spielt insbesondere bei revolutionären Mythen eine bedeutende Rolle. Zumeist wird auf ein Zukunftsziel hingewiesen, welches es gilt, zu erreichen. Dabei muss jedoch zunächst unterschieden werden zwischen Mythos und Utopie. Zwar gibt es offenkundige Gemeinsamkeiten, wie Dörner hervorhebt, wenn er die Utopie als „zukunftsbezogene Untergattung von Ideologien" bezeichnet. Dann nämlich liegt nach Dörner die Gemeinsamkeit darin, dass „beide kollektiv verankerte, deutungskulturell gepflegte politische Sinngeneratoren darstellen".[127] Dennoch sind Utopie und Mythos grundverschieden. Denn, „während die Utopie eine in der intellektuellen Sphäre beheimatete Zielvorstellung ist, geboren aus der Negation des Faktischen, ist der Mythos Ausfluss einer irrationalen Lebensenergie, wild und bisweilen destruktiv, anti-institutionell und dort, wo er auf Zukunft deutet, der Vision, nicht jedoch der Utopie verwandt, die – die utopischen

---

[126] Wobei auch hier verschiedene Deutungen des Mythos vorhanden sind.
[127] Dörner, Andreas: Politischer Mythos, 1995. S. 77.

Entwürfe seit Morus und Campanella zeigen es – geradezu institutions-verliebt ist", so Geyer.[128]

Nichtsdestotrotz haben Mythen oftmals einen zukunftsweisenden Charakter. Besonders deutlich wird dies bei revolutionären Mythen. „Auf den ersten Blick sind Revolution und Mythos Gegensätze, denn Mythen sind fundierende Erzählungen, die den Ordnungsaspekt des Gegebenen thematisieren und das Wissen um die Kontingenz dieser Ordnung abdunkeln. Revolutionen dagegen sind Delegitimationen des Gegebenen. Im ursprünglichen Begriff der Revolution steckt aber immer noch das Rückkehrmotiv zum Ausgangspunkt. In der Moderne wird diese Rückkehr als Bewegung in die Zukunft verstanden, als Restitution des Ursprungs in einer noch kommenden Zeit."[129] Diese „Restitution des Ursprungs in einer noch kommenden Zeit" ist es, welche Mythen in diesem Zusammenhang zukunftsorientiert erscheinen lässt, wie Geyer bemerkte, mit der Vision verwandt. Damit tritt eine weitere Komponente des Mythos hinzu, welche das Gesamtbild der hier betrachteten Mythentheorie abrundet: die Zukunftgerichtetheit des Mythos.[130] „Immer hatten Mythen und Riten vor allem die Funktion, die Symbole zu liefern, die den Menschen vorwärtstragen, und den anderen, ebenso konstanten Phantasiebildern entgegenzuwirken, die ihn an die Vergangenheit ketten wollen."[131] Das Vorwärtstragen welches Campbell erwähnt ist Bewegung. Mit dem Bezug zur Vergangenheit, die ankettet, wird diese Bewegung zur Befreiung. Hierin zeigt sich das Motiv des „Exodus". Exodus im Sinne von Ausgang, Austritt, das „Sich-auf-den-Weg-machen". Michael Walzer hat sich in seinem Buch „Exodus and Revolution" eingehend mit dem Exodus-Phänomen beschäftigt. Dabei hält er fest: „The Exodus is a story, a big story, one that became part of the cultural consciousness of the West – so that a range of political events (different events, but a particular range) have been located and understood within the narrative frame that it

---

[128] Geyer, Carl-Friedrich: Mythos, 1996. S. 80.

[129] Speth, Rudolf: Nation, 2000. S. 23.

[130] Hier sei angemerkt, dass die bereits vorgestellten Komponenten des Mythos, etwa die „identitätsstiftende Wirkung" in ihrer Art ebenfalls eschatologisch angelegt sind. Sie alle verweisen auf einen Entstehungsprozess, der begonnen hat, aber noch nicht beendet ist: „schon – noch nicht".

[131] Campbell, Joseph: Heros, 1953. S. 18.

provides. This story made it possible to tell other stories."[132] Der Exodusgedanke versteht sich in diesem Kontext als Symbol. Entscheidend bleibt jedoch der Ausgangspunkt (in diesem Falle die Vergangenheit, welche ankettet), dem es zu entrinnen gilt. Die Projektion in die Zukunft ist verknüpft mit einer bestimmten Erwartungshaltung – in der Symbolsprache des Exodus, dem gelobten Land. "The strength of Exodus history lies in its end, the divine promise. It is also true, of course, that the significance and value of the end is given by the beginning."[133] Walzer zeigt jedoch auch, dass sich ein Paradoxon innerhalb des Exodusgedanken findet. Der Wunsch der Befreiung geht einher mit dem Wunsch nach dem gewohnten Status quo der "Fleischtöpfe Israels". So bemerkt Walzer: „The great paradox of the Exodus, and of all subsequent liberation struggles, is the people´s simultaneous willingness and unwillingness to put Egypt behind them. They yearn to be free, and they yearn to esacpe their new freedom. They want laws but not too many; theym both accept and resist the discipline of the march."[134]

Dieser Gegensatz ist ein Widerstand, der wiederum nicht von jedem gebrochen werden kann. Somit tritt erneut die Trickster-Figur auf den Plan, welche in Gestalt des Helden als leuchtendes Vorbild einhergeht. So ist es der Held, der als *Wegweiser* innerhalb des Exodusgedanken fungiert. Jedoch unterwirft auch er sich selbst dem Exodus als Prozess. Erst dadurch kann er zum Vorbild und Wegweiser werden.[135] „Der Held ist deshalb der Mensch, ob Mann oder Frau, der fähig war, sich über seine persönlichen und örtlich-historischen Grenzen hinauszukämpfen zu den allgemein gültigen, eigentlich menschlichen Formen. Seine Visionen, Ideen und Eingebungen kommen unverdorben von den Urquellen menschlichen Lebens und Denkens. Daher sind sie beredt, und zwar nicht von der gegenwärtigen, sich auflösenden Gesellschaft und Seele, sondern von der unberührten Quelle, aus die die Gesellschaft wiedergeboren wird. Als Mensch der Gegenwart ist der Held gestorben, als Mensch des Ewigen, als

---

[132] Walzer, Michael: Exodus, 1985. S. 7.
[133] Walzer, Michael: Exodus, 1985. S. 21.
[134] Ebd., S. 73.
[135] Als „einer von uns" – wie es bereits gezeigt wurde.

vollkommen gewordener, nicht auf Partikularitäten festgelegter, universaler Mensch wird er wiedergeboren."[136]

Damit ergibt sich eine neue Definition des Helden. Held ist somit der, welcher sich „Auf-den-Weg-macht", ein Wagnis auf sich nimmt.[137] Held sein ist damit zugleich ein Prozess – wie es bereits an den Stadien des Helden aufgezeigt wurde.

---

[136] Campbell, Joseph: Heros,1953. S. 25.

[137] Das „Sich-auf-denWeg-machen" wird im weiteren von wichtiger Bedeutung sein. In diesem Symbol findet sich nicht nur das Lateinamerikanische wieder, sondern auch der Mythos Che Guevaras.

III. Anmerkungen zum *Lateinamerikanischen*

Es stellt sich nun also die Frage nach dem *Lateinamerikanischen*. Diese spezifische Frage zu klären ist ein schwieriges Unterfangen. So stellt sich zuallererst die Frage, ob es überhaupt das *Lateinamerikanische* gibt. Allein die Beantwortung dieser Frage – unter allen Gesichtspunkten – würde den Rahmen der vorliegenden Arbeit sprengen. Umso mehr müsste also die Frage nach der Typologie des *Lateinamerikanischen* diese Arbeit sprengen. Nichtsdestotrotz wird diese Arbeit nicht umhin können, einige grundlegende Dinge in Bezug auf Lateinamerika zu klären. Das *Lateinamerikanische* zu verstehen ist zugleich ein Schlüssel, um die Gedanken und Gefühle Che Guevaras zu verstehen. Jedoch dient das Verständnis Lateinamerikas nicht nur diesem Zweck, sondern ermöglicht darüber hinaus das Verständnis für die Rezeption Che Guevaras in Lateinamerika – und damit seiner Wirkungsgeschichte.

Erneut sind es die Augen eines Europäers, die hier die Anmerkungen zum *Lateinamerikanischen* machen. Dies birgt zugleich eine Gefahr, nämlich die des Fehlinterpretierens, aber auch eine Chance: sieht doch meist der Betrachter von außerhalb die Zusammenhänge klarer. Wenn diese Arbeit also lediglich grundlegende Dinge zu Lateinamerika klären will, so ist es verständlich, dass in diesen grundlegenden Dingen auch die Meinungen auseinandergehen, aber es gibt zumindest „gleiche" Ansätze die aufgezeigt werden können. Um die Arbeit in den entsprechenden Rahmen zu stellen, sollen diese Punkte im Folgenden Herausgearbeitet werden. Dabei stützt sich die Argumentation weitestgehend auf die intellektuelle Debatte zur Identität Lateinamerikas, wie sie in Lateinamerika selbst geführt wurde.

In der Debatte der Identität findet sich bereits das erste mythische Element wieder, wie es in Kapitel II.12. dargelegt wurde. Über die lateinamerikanische Identitätssuche zu sprechen bedeutet zugleich den prozessualen Charakter dieser Suche zu verstehen. So ist diese Suche längst nicht abgeschlossen. Vielmehr befindet sie sich noch auf dem Weg (Exodus). Anschaulich dargestellt wird dies von Gabriel Garcia Márquez, der in seinem Roman „Der General in seinem Labyrinth" Simón Bolívar folgende Worte in den Mund legt: „Man möge doch den Lateinamerikanern auch ihr Mittelalter gewähren."[138] Damit kling an, dass eben der Prozess der Identitätssuche in Lateinamerika noch nicht abgeschlossen ist. Lateinamerika befindet sich nach wie vor „auf dem Weg". Dieser Prozess des „Auf-dem-Wege-sein" muss in die Betrachtung mit einfließen, denn in eben diesen Prozess gliedert sich – wie zu zeigen sein wird – Che Guevara ein.

Weiterhin sei angemerkt, dass sich die intellektuelle Debatte in Lateinamerika überwiegend im Feld der Literatur abgespielt hat. Auch gab es im Bereich der Sozialwissenschaften oder der Philosophie ebenso Ansätze, wobei diese sich zumeist an europäischen oder nordamerikanischen Ansätzen ausrichten. Die eigentliche Auseinandersetzung jedoch fand hauptsächlich auf dem Gebiet der Literatur in der Auseinandersetzung mit der europäischen und nordamerikanischen Literatur statt. So wurde oftmals von lateinamerikanischen Intellektuellen betont, „dass der Essay eine der lateinamerikanischen Situation angebrachtere Darstellungsform sei als eine bloß empirische Betrachtungsweise".[139]

Doch zunächst soll geklärt werden, wie man Lateinamerika erfassen kann.

1. Wie lässt sich Lateinamerika fassen?

Dies ist die erste Frage, der es nachzugehen gilt. Anders gefragt, was ist unter Lateinamerika zu verstehen? – Die Frage richtet sich zunächst einmal nach der geographischen Ausdehnung Lateinamerikas. Der Begriff Lateinamerika umfasst eine Region, welche vom *Rio Grande* bzw. *Rio Bravo* (Mexiko) bis zum *Tierra del Fuego* (Feuerland, Argentinien) reicht.[140] Allein das Ausmaß dieser Region bringt eine Heterogenität mit

---

[138] König, Hans-Joachim: Lateinamerika, 1991. S. 22. (Zitiert nach: García Márquez, Gabriel: Der General in seinem Labyrinth. Köln, 1989.)

[139] Werz, Nikolaus: Denken, 1991. S. 151.

[140] Auch gibt es andere Bezeichnungen für die genannte Region, als etwa „Ibero-Amerika", „Südamerika", „Hispano-Amerika", etc. – Diese Bezeichnungen sind jedoch teilweise unzureichend, da sie nur Teilaspekte dieser Region kennzeichnen. Aus mehreren Gründen, welche im weiteren Verlauf noch angeführt werden, habe ich mich entschieden, die Bezeichnung „Lateinamerika" für die Region zwischen *Rio Grande* und *Tierra del Fuego* für diese Diplomarbeit zu wählen. (Vgl. dazu auch die in Anhang I befindliche Karte „Lateinamerika".) S. 154.

sich, die größer nicht sein könnte. Brasilien etwa zeichnet sich durch eine andere Sprache aus, als die restlichen Länder der Region, hier wird portugiesisch gesprochen. Aber gerade Brasilien zählt zu den bedeutendsten Ländern Lateinamerikas, nicht nur wegen seiner Größe. Auch die karibischen Inseln unterscheiden sich erheblich vom Festland des Kontinentes und zählen, wenngleich kaum bekannt, dennoch zu Lateinamerika. So kommt es nicht von ungefähr, dass mir Eduardo Rabossi in unserem Interview sagte: "First of all one has to be very careful with using Latin America as sort of a general name to cover what are perhaps deep and strong differences between countries. It´s like talking about Europe. Obviously one can talk about a European culture, and it´s true, there is something like Europe. Today it´s even more evident that there is a European community, etc. But on the other hand, obviously France is not Germany, and Germany is not England. And I think that the same happens in Latin America."[141] Wenngleich sich aus dieser ersten Erkenntnis bereits zeigt, dass der Begriff Lateinamerika nicht ohne Probleme gebraucht werden kann, so verbindet er dennoch – trotz der Heterogenität dieses Gebietes – Gemeinsamkeiten, welche den Gebrauch des Begriffes Lateinamerika rechtfertigen. So fährt Rabossi fort, "on the other hand, there are elements that have to be taken into account as heritage, common language, religion, problems that are common to us, vis a vis other countries, and vis a vis other main countries, like the United States, or European community today for instance."[142]

Diese nicht unerheblichen Faktoren, lassen es zu, dass man von *Lateinamerika* sprechen kann. Dabei spielt die Geschichte Lateinamerikas und vor allem die intellektuelle Aufarbeitung dieser Geschichte eine entscheidende Rolle. Aufarbeitung der Geschichte ist damit auch immer im Kontext der Identitätsfindung Lateinamerikas zu sehen. Die Auseinandersetzung ist eine Auseinandersetzung mit der eigenen Identität.

---

[141] Vgl. das Interview mit Eduardo Rabossi, welches im Anhang angefügt ist. S. 159-179. (Im Folgenden nenne ich das Interview mit Eduardo Rabossi in den Zitaten schlicht „Rabossi", und füge lediglich die entsprechende Seitenzahl hinzu.)
[142] Rabossi, S. 161.

2. Der Traum der Konquistadoren: „Die neue Welt und der gute Wilde"

Die erste Auseinandersetzung ist hier die mit Europa. Es waren die europäischen Großmächte (allen voran Spanien und Portugal) Europas, welche Lateinamerika für sich eroberten. Somit floss die europäische Kultur in die lateinamerikanische Lebenswelt mit ein. Das Europäische vermischte sich mit dem Indianischen. Und in dieser Vermischung übertrugen sich auch die Wunschvorstellungen und Erwartungen der Konquistadoren auf Lateinamerika. Denn, neben den Zielen der persönlichen Bereicherung, hatten die Konquistadoren auch eine bestimmte Erwartungshaltung gegenüber Lateinamerika. So war stets von der „neuen Welt" die Rede. In dieser Vorstellung verknüpfte sich die Hoffnung, dass in Lateinamerika das, was in Europa nicht vollendet werden konnte, zu Ende geführt werde. Hierin findet sich das Bild des „guten Wilden" wieder, der seine Naivität und Spontanität noch nicht verloren hat. José Luis Abellán „konstatiert bei der Betrachtung des amerikanischen Kontinentes ein ´utopisches Bewusstsein` und einen Prozess der Wertumkehrung, derzufolge das Negative in Europa in Amerika einen positiven Wert annimmt:

Europa	Amerika
Alte Welt	Neue Welt
Eisernes Zeitalter	Goldenes Zeitalter
Zivilisation (Fortschritt)	Barbarei (Natur, der gute Wilde")
Alter Christ	Neuer Christ
Tradition (Geschichte)	Utopie (Zukunft)".[143]

Diese Utopie wurde später vielfach von lateinamerikanischen Intellektuellen wieder aufgegriffen. Das Moment der Zukunftgerichtetheit Lateinamerikas galt innerhalb Lateinamerikas als Hoffnung. Der Traum der Konquistadoren wurde von Lateinamerika beansprucht. Dies zeigt sich sehr deutlich in einem Zitat von Jose Luis Borges, der am 3. April 1977 in der Zeitung *La Nacion* sagte: „Außerdem haben wir einen Vorteil den Europäern gegenüber: wir sind gute Europäer oder können sogar bessere

---

[143] Abellán, José Luis: Identifikation, 1987. S. 115.

sein, als sie es selbst sind. Ein Italiener läuft Gefahr, nicht mehr zu sein, als Italiener, und ein Engländer nur Engländer; wir aber sind die Erben der gesamten westlichen Kultur, wir haben keinen Grund, uns an einer Region mehr zu orientieren als an einer anderen. Wir sind das, was wir sein wollen und sein können."[144]

3. Einheit in der Zerrissenheit

Gerade so einfach wie es Borges darstellt, ist es freilich nicht. Denn es klafft die Lücke zwischen „sein wollen" und „sein können". Und in Bezug auf „sein können" ergibt sich die Problematik, dass die Lateinamerikaner von ihrer Herkunft nicht nur Europäer, sondern auch Indios sind. So bleibt ihnen in ihrer Identitätsfindung die Option „können" nur in beschränktem Maße. „Bereits Simón Bolívar hatte in seinem berühmten Brief aus Jamaika (1815) die Frage nach der Identität aufgeworfen. Die Lateinamerikaner seien ´weder Indianer noch Europäer...., sondern ein Mittelding zwischen den rechtmäßigen Besitzern des Landes und den spanischen Usurpatoren, kurzum Amerikaner durch Geburt, aber mit Rechtsansprüchen aus Europa´, und mit dieser kurzen Definition hatte der Venezolaner erstmals das ganze Dilemma beschrieben."[145] Und bei anderer Gelegenheit verweist Bolívar erneut auf das Problem, indem er sagt: „Amerikaner durch Geburt und Europäer dem Recht nach, befinden wir uns in dem Konflikt, den Eingeborenen ihre Eigentumstitel streitig zu machen, und uns gleichzeitig in dem Land, in dem wir geboren wurden, gegen die Opposition der Invasoren behaupten zu müssen. So ist unser Fall außergewöhnlich und höchst kompliziert."[146] Im Einklang mit Bolívar bringt später auch José Martí[147] diese Zerrissenheit zum Ausdruck: „Die

---

[144] Gallardo, Sara: Färbung, 1987. S. 142.
[145] Werz, Nikolaus: Denken, 1991. S. 6.
[146] König, Hans-Joachim: Lateinamerika, 1991. S. 5. (Zitiert nach: König, Hans-Joachim (Hrsg.): Simón Bolívar. Reden und Schriften zu Politik, Wirtschaft und Gesellschaft. Hamburg, 1984. S. 49.)
[147] José Martí wird mit Bolívar als einer der „Väter" Lateinamerikas angesehen.

Füße im Rosenkranz, den Kopf weiß und den Leib indianisch-kreolisch bemalt, kamen wir unerschrocken auf die Welt der Nationen."[148]

Es zeigt sich in dieser Zerrissenheit, ein Spannungsfeld in welchen sich die Lateinamerikaner bei ihrer Identitätsfindung bewegen. Doch es ist diese Zerrissenheit, die zugleich, so paradox es klingen mag, eine Einheit schafft, die „Einheit in der Zerrissenheit".

4. „Solo le pido a dios" – Hoffnung und Heroisierung auf der Suche nach Identität

Es ist die Zerrissenheit (in welcher Lateinamerika eins ist), die für einen Außenstehenden den Anschein erweckt, als würden die Lateinamerikaner in Lethargie versinken. Graf Hermann Keyserling kennzeichnet die Bevölkerung Lateinamerikas als „im Erdulden geübt". Es schwingt hierin ein Element der Schwermütigkeit und des Fatalismus mit an. Keyserling spricht hier von der sogenannten „Gana", welche den Fatalismus und die Apathie der lateinamerikanischen Bevölkerung kennzeichnen soll.[149] An die Stelle der eigenen Aktion tritt eine Schicksalsergebenheit[150], verbunden mit der der Hoffnung auf eine transzendente Macht, welche den Weg aus der Not weist. Ein weithin verbreitetes Lied des Argentiniers Leon Gieco bringt dies in seinem Titel zum Ausdruck: „Solo le pido a dios"[151].

Die Bitte wird zum Synonym der Hoffnung. Im Gefühl der Abhängigkeit von Europa und der westlichen Welt, wird der Wunsch nach Befreiung aus dieser Abhängigkeit laut. Zunächst die Befreiung aus der Abhängigkeit des europäischen Kolonialismus, danach die Befreiung von dem nordamerikanischen Imperialismus.[152] Es ist die Stunde der großen Befreier

---

[148] Martí, José: Unser Amerika, 1974. S. 65.

[149] Vgl. hierzu: Keyserling, Graf Hermann: Südamerikanische Meditationen. Stuttgart, zweite Auflage, 1933.

[150] Ähnlich etwa der von Nietzsche erwähnten „amor fati".

[151] Übersetzt: „Einzig erbitte ich von Gott...". Gieco will dieses Lied als Protest gegen eben diese Haltung, dass Hilfe von oben komme, verstanden wissen.

[152] Hieraus entstanden die „Dependecia-Theorien" Ende der sechziger Jahre, sowohl als auch die Befreiungstheologisch und –philosophischen Bewegungen in Lateinamerika. – Vorgänger war hierbei nicht zuletzt Che Guevara, der diese Theorien erheblich mit beeinflusst hat.

– zu denen sich Che Guevara auch zählen sollte – die vom lateinamerikanischen Volk verehrt werden. In dieser Heroisierung der Befreier, mit der sich zugleich die Utopie eines geeinten Amerika verbindet,[153] zeigt sich eine weitere Gemeinsamkeit der lateinamerikanischen Völker. Stellvertretend für die *Libertadores* seien hier Simón Bolívar und José Martí betrachtet, die beide eine zentrale Rolle, auch im Denken Che Guevaras spielen. Ein weiteres mythisches Element kommt hier hinzu, dargestellt in Kapitel II.8., die Heldenverehrung.

a) Simón Bolívar

„Todos los americanos deben querer a Bolívar como a un padre", schreibt Jose Martí.[154] Deutlicher kann die Rolle, welche Bolívar für Lateinamerika spielt, nicht dargestellt werden, als in diesem Zitat José Martís, der selber meist in einem Atemzug mit Bolívar genannt wird. Bolívar wird in der Tat als "Vater" Lateinamerikas verehrt. Geboren wurde er 1783 in Caracas. Früh schon verlor er beide Elternteile. Sein Onkel schickte ihn mit 16 nach Europa. 1807 kehrte er nach Venezuela zurück. Zu diesem Zeitpunkt keimten die Unabhängigkeitsbestrebungen in Lateinamerika – das Bestreben, sich von der europäischen Bevormundung zu befreien. Bolívar macht sich während der Befreiungskämpfe einen Namen. Dabei kämpft er zunächst unter dem Befehl Francisco de Mirandas, bis er schließlich selbst Oberbefehlshaber des Befreiungsheeres wird. Der lange Weg der Befreiung war dabei nicht nur von Erfolg gekrönt. Mehrfache Exilaufenthalte und damit verbunden die Rückkehr von Bolívar belegen dies.[155] Hier soll es jedoch nicht um die Befreiungskriege gehen, sondern um das Denken und die Verehrung Bolívars – also seine Relevanz für Lateinamerika. Damit

---

[153] Vgl. hierzu vor allem die Ideen Bolívars und Jose Martís.

[154] Martí, José: América, 1977. S. 206. Übersetzt: „Alle Amerikaner müssen Bolívar lieben, wie einen Vater."

[155] Die Angaben zu Bolívars Leben sind dem Buch „Der General in seinem Labyrinth" von Gabriel García Márquez entnommen, S. 353-359.

wird der geschichtliche Teil der Befreiungskriege in seinen Einzelheiten hier beiseite gelassen.[156]

Im Jahre 1819 kam es auf dem Kongress zu Angostura zum Beschluss einer Verfassung. „Das wichtigste Ziel Bolívars war die Schaffung eines zusammenhängenden großen Reiches in Südamerika, für das Kolumbien und Venezuela die Ausgangsbasis sein sollten.".[157] Später wurde Bolívar zum Präsidenten auf Lebenszeit de von ihm geschaffenen Groß-kolumbiens,[158] sowie Peru und Bolivien ernannt. 1830 zerfiel Großkolum-bien in seine Einzelteile. Im gleichen Jahr starb Bolívar einsam in einem Landhaus in Kolumbien.

Trotz des Misserfolges seiner Vision – Bolívar selbst sah sein Projekt als gescheitert an – bleibt seine enorme Bedeutung für Lateinamerika ungebrochen. Dabei gilt als sein höchstes Verdienst das Bemühen um ein geeintes Lateinamerika. „Ausschlaggebend für den Mythos Bolívars sind weniger seine Leistungen als Staatsmann, als seine Taten als `Befreier`", schreibt Werz. „In seinen Reden und seinen Schriften hat er viele Schwierigkeiten lateinamerikanischer Gesellschaften aufgeworfen, ohne eine Lösung dafür zu wissen. Späte Äußerungen (`Wir haben das Meer gepflügt.` `Die Unabhängigkeit ist das einzige Gut, das wir erreicht haben auf Kosten aller übrigen.`) zeigen ihn als realistisch-pessimistischen Visionär der Zukunft Amerikas."[159]

Doch wenngleich Bolívar als „El Libertador" (damit als „der" Befreier schlechthin gesehen wird), bleibt er nicht die einzige Heldenfigur im Hintergrund der Befreiungsbewegung. Alle Helden hier aufzuzählen ist nicht relevant. Dennoch zeigt das nachfolgende Zitat Martís, dass jede Region ihren bestimmten Helden feiert: „estos tres hombres son sagrados: Bolívar de Venezuela; San Martín, del Rio de la Plata; Hidalgo, de México."[160] Die Verehrung geht dabei sogar soweit, dass es zur Adaption des „San" (= Sankt) im Namen kommt, wie dies der Fall bei San Martín in Argentinien ist. In der regionalen Heldenverehrung zeigt sich zwar wieder

---

[156] Als Überblick sei hier das Buch „Die Unabhängigkeitsbewegungen in Lateinamerika, 1788-1826.", von Inge Buisson und Herbert Schottelius empfohlen.

[157] García Márquez, Gabriel: General, 1989. S. 357.

[158] Großkolumbien setzte sich aus Venezuela, Kolumbien und Ekuador zusammen.

[159] Werz, Nikolaus: Denken, 1991. S. 47.

[160] Martí, José: América, 1977. S. 207. Übersetzt: „Diese drei Männer sind Heilige: Bolívar aus Venezuela; San Martín vom Rio de la Plata; Hidalgo aus Mexiko."

die Heterogenität Lateinamerikas, jedoch werden auch die regionalen Helden in den Dienst Gesamtlateinamerikas genommen. Bestimmend in der Riege der Libertadores bleibt jedoch „el libertador", Simón Bolívar.

b) José Martí

Im Gegensatz zu Bolívar hat José Martí fast ein Jahrhundert nach den Befreiungskriegen gelebt. Dennoch reiht auch er sich ein in die Riege der Libertadores, wenngleich unter anderen Vorraussetzungen. Der Kampf gegen die Kolonialmächte war bereits ausgefochten, es gab zur Jahrhundertwende, zu Beginn des 20. Jahrhunderts, ein neues Feindbild, der Imperialismus der USA. José Martí tat sich dabei vor allem als Theoretiker, weniger als Kämpfer hervor, was jedoch seine Bedeutung für Lateinamerika nicht schmälert.[161]

José Martí wurde am 28. Januar 1853 in Havanna, Cuba geboren. Aufgrund politischer Kritik gegenüber der spanischen Fremdherrschaft und dem drohenden Einfluss der USA, welche Cuba zu einem ihrer Staaten machen wollte, wird er 1871 ins Exil geschickt. Auch Martís Geschichte ist, ähnlich der Bolívars, geprägt von Misserfolgen. So kann er jahrelang nicht in seine Heimat Cuba zurückkehren. Ihm bleibt einzig das Mittel des Schreibens, in dem er Kritik von außerhalb üben kann. Sein Versuch, von den USA aus den bewaffneten Kampf in Cuba aufzunehmen scheitert 1895 jäh, als sein Boot noch in den USA von Behörden aufgehalten wird. Als er dennoch endlich in den Kampf, der bereits auf Cuba begonnen hatte, eingreifen kann, ereilt ihn bereits nach wenigen Wochen Aufenthalt in Cuba, am 19. Mai 1895, der Tod. Dieser Tod, mit 42 Jahren, gab viel Anlass zu der Spekulation, ob er vielleicht verraten wurde, und ist damit zweifelsohne ein Heldentod, wie er weiter oben charakterisiert wurde.[162]

Doch auch seine Geschichte endet nicht mit seinem Tod. So war die von ihm initiierte Unabhängigkeitsbewegung in Cuba letztlich mit Erfolg

---

[161] Hier ist es wichtig zu wissen, dass Martí eine besondere Bedeutung für die cubanische Revolution hatte, da er selbst Cubaner war. So fiel etwa der Sturm auf die Moncada Kaserne auf den hundertsten Geburtstag Martís.

gekrönt. Die Bedeutung Martís liegt dabei vor allem in der Initiierung und, wie bereits erwähnt in seinen Schriften, welche in einer sehr pathetischen Sprache zur Einheit Amerikas aufriefen. Das folgende Zitat zeugt hiervon: „Die Stunde der Abrechnung und des gemeinsamen Marsches ist gekommen, und wir müssen in geschlossenem Block gehen, so wie das Silber in den Wurzeln der Anden liegt."[163]

Sein entscheidender Aufsatz ist „Nuestra America" (= Unser Amerika), indem er die Vision eines geeinten Amerikas aufzeigt, in oben zitiertem Sinne. Damit steht er auf einer Stufe mit Bolívar, im Bemühen, einen gesamtlateinamerikanischen Kontinent zu schaffen. Wenngleich die Vorstellungen beider gänzlich verschieden waren, so haben beide doch zur lateinamerikanischen Identitätsfindung beigetragen. Nicht zuletzt durch ihre Person, welche heute noch als Identifikationsmerkmal dient.

5. Der Traum der Libertadoren: „Nuestra America"

„Nuestra America" spiegelt damit nicht nur den Traum der Libertadoren wieder, der Titel des Aufsatzes macht zugleich auf eine weitere Differenzierung aufmerksam. Es geht dieses mal um die Auseinandersetzung mit den USA. Die Abgrenzung wird dabei bereits sprachlich getroffen, wenn Martí von „nuestra", also „unserem" Amerika spricht. Hierin wird zugleich das andere Amerika abgelehnt. Die Hoffnung ruht auf den lateinamerikanischen Ländern. Hiervon soll die neue „Saat" ausgehen. „Denn schon ertönt die einmütige Hymne; die heutige Generation trägt auf ihren Schultern das arbeitende Amerika über den von den erhabenen Vätern gebahnten Weg; vom Río Bravo bis zum Magalhaes-Strom streute der große Semi, auf dem Rücken des Kondors sitzend, über die romantischen Nationen des Kontinents und die beklagenswerten Inseln des Meeres die Saat des neuen Amerika aus!", so Martí.[164]

---

[162] Zu den Lebensangaben Martís, vergleiche: Dill, Hans-Otto: José Martí. Mit Feder und Machete. Gedichte, Prosaschriften, Tagebuchaufzeichnungen. Berlin, 1974.
[163] Martí, José: Unser Amerika, 1974. S. 61.
[164] Martí, José: Unser Amerika, 1974. S. 72.

Damit hat die Debatte der lateinamerikanischen Identität eine entscheidende Wende genommen, in der Abgrenzung zu den USA. Noch bis in die jüngste Zeit wird diese Debatte geführt. Paradoxerweise nimmt Lateinamerika, ähnlich wie zuvor in der Auseinandersetzung mit Europa, Argumente der Gegenseite auf, um sie für sich zu gebrauchen. So hat der mexikanische Philosoph Leopoldo Zea in seinem Buch „Warum Lateinamerika?" versucht, den Begriff Lateinamerika zu legitimisieren. Bereits in der Etymologie des Wortes *Lateinamerika* findet sich so bereits eine entscheidende Abgrenzung, die als Selbstdefinition der lateinamerikanischen Länder und Völker herangezogen wird. Dabei wird der Ausdruck *Lateinamerika*, welcher zunächst von Nordamerika benutzt wurde, um den Ursprung der in Südamerika gesprochenen Sprachen zu charakterisieren, bereitwillig von den Lateinamerikanern selbst übernommen. Zea bemerkt dazu: „Das Attribut lateinisch wird nicht gegen Spanien verwendet, sondern gegen das angelsächsische Amerika."[165]

In der Abgrenzung zu Nordamerika findet sich somit eine weitere Selbstdefinition Lateinamerikas. Dennoch muss darauf hingewiesen werden, dass sich hierin auch ein Widerspruch befindet. So steht dieser Abgrenzung gegenüber Nordamerika zugleich die Utopie eines geeinten amerikanischen Kontinentes entgegen, wie sie immer wieder, gerade von lateinamerikanischen Denkern aufgegriffen wurde.[166] Nichtsdestotrotz wird zumeist eine scharfe Abgrenzung zu den Vereinigten Staaten Nordamerikas vorgenommen. Dies ist im Hinblick auf Che Guevaras Denken und auf seine Wirkungsgeschichte im weiteren Verlauf noch von Bedeutung, spielt hier doch die in Kapitel II.7. angesprochene Dichotomisierung politischer Mythen eine entscheidende Rolle.

a) Die „Kaliban"-Debatte

Auf diese Dichotomisierung geht bereits José Enrique Rodó in seinem Buch „Ariel", welches 1900 erschien, ein. Er nimmt hier eine klare Unterscheidung zwischen Nordamerika und Lateinamerika vor, um auf die

---

[165] Zea, Leopoldo: Warum Lateinamerika?, 1994. S. 18.
[166] Vgl. hierzu unter anderem den legendären Aufsatz Jose Martís, *„Nuestra America"*.

eigene kulturelle Identität zu verweisen. Dabei charakterisiert er Nordamerika als „Fleischwerdung des Wortes vom Nutzen" und ist sich einer von Nordamerika ausgehenden Gefahr bewusst: „Wenn man vom Utilitarismus sagen konnte, er sei das Wort des englischen Geistes, so können die Vereinigten Staaten als die Fleischwerdung des Wortes vom Nutzen angesehen werden. Und das Evangelium dieses Wortes verbreitet sich dank der materiellen Wunder seines Triumphes über die Welt. Hispona Amerika ist in dieser Hinsicht längst keine Diaspora mehr. Der mächtige Staatenbund überzieht uns mit einer Art moralischer Konquista. Die Bewunderung für seine Größe und Stärke schreitet mit Riesenschritten im Geiste unserer führenden Männer und, mehr noch vielleicht, in dem der Massen voran, die leicht vom Eindruck des Sieges geblendet werden."[167] Die Gefahr liegt für Rodó in der Nachahmung, welche für ihn der nächste Schritt nach der Bewunderung ist. Eine solche *Nordomanie* jedoch würde unweigerlich zur Verleugnung der eigenen kulturellen Fähigkeiten führen.

Zur Verdeutlichung charakterisiert Rodó die USA als *Kaliban* und Lateinamerika als *Ariel*, in Anlehnung an Shakespeares Drama „Der Sturm". Aus dieser Darstellung Rodós hat sich eine regelrechte „Kaliban"-Debatte entwickelt, und das Buch „Ariel" gilt zurecht als eines der wichtigsten Bücher für Lateinamerika. Dennoch wurde Rodó im Verlauf der Debatte, etwa von Roberto Fernández Retamar, vorgeworfen, die Charaktere falsch benannt zu haben, was jedoch auf die inhaltliche Aussage, der Abgrenzung zur USA keine Auswirkung hat. „Unser Symbol ist [...] nicht Ariel, wie Rodó dachte, sondern Kaliban. [...] Rodó hat zwar – wie schon erwähnt – die Symbole verwechselt, aber er konnte klar den größten Feind benennen, den unsere Kultur damals wie heute hat; und das ist sehr viel wichtiger."[168]

Das Ziel, welches Rodó beschreibt, ist abermals ein geeintes Lateinamerika. Dabei setzt er auf die Jugend als die schöpferische Kraft, die dieses Ziel zu erreichen vermag. „Die Jugend, die Ihr lebt, stellt eine Kraft dar, die anzuwenden Ihr die Arbeiter seid; sie ist ein Schatz, für dessen Anlage Ihr verantwortlich zeichnet. Liebt diesen Schatz und diese Kraft; das Hochgefühl dieses Besitzes soll in Euch beständig brennen und

---

[167] Rodó, José Enrique: Ariel, 1994. S. 136-137.
[168] Retamar, Roberto Fernández: Kaliban, 1988. S. 39-40.

wirksam sein."[169] Abermals spielt hier das mythische Element in der Form des Exodus, des „Sich-auf-den-Weg-machens" eine Rolle. Rodó zeigt dies am Bild des Samenkorns: „Der Geist der Jugend, so will mir zudem scheinen, ist ein dankbares Feld, auf welchem gewöhnlich das Samenkorn eines gut gewählten Wortes in kurzer Zeit die Früchte eines unsterblichen Wachstums trägt."[170] Und im Blick auf die Zukunft schließt er mit den Worten: „Weiht einen Teil Eurer Seele der unbekannten Zukunft."[171] Die unbekannte Zukunft liegt darin, dass sich in der Jugend, und durch die Jugend das Ideal Lateinamerikas herausbilden soll. In der Gestalt *Ariels*, in Abgrenzung zu der USA.

Doch nicht alleine auf kulturkritischer Ebene ist das Werk Rodós wichtig, sondern auch mit Blick auf Che Guevara, der nach Ansicht einiger Autoren stark von „Ariel" beeinflusst wurde und mit Sicherheit in den Kontext „Ariels" zu stellen sein mag.

b) Zum mythischen Begriff „patria"

Schließlich soll im Zusammenhang des Kapitels „Nuestra America" noch auf einen mythischen Begriff eingegangen werden, der zur weiteren Analyse wichtig ist, den Begriff „patria". „Patria" bezeichnet gemeinhin das „Vaterland", und hat damit regionalen Charakter. In der Debatte um die Identität Lateinamerikas jedoch wird „patria" in einem anderen Kontext verwendet. Wie Simón Bolívar sagte, „para nosotros la patria es la america".[172]

Jedoch muss bemerkt werden, dass "patria" in Lateinamerika in einem gänzlich anderen Kontext steht, als etwa bei uns „Vaterland". Die Assoziationen, welche mit „patria" verbunden werden, gehen wesentlich weiter. "Wenn in Mexiko und anderen lateinamerikanischen Ländern die Diskussion um Nation, Ethnizität und Kultur geführt wird, fällt zunächst einmal auf, dass mit Begriffen wie ´Nation´, ´Nationalismus`, `Vaterland`

---

[169] Rodó, José Enrique: Ariel, 1994. S. 65.
[170] Ebd., S. 64.
[171] Ebd., S. 181.
[172] Übersetzt: „Für uns ist die Heimat Amerika."

weitaus ungebrochener umgegangen wird als dies bei uns der Fall ist, werden sie doch mit Befreiung von kolonialer Unterdrückung und nationaler Einheit assoziiert", bemerkt Verena Radkau Garcia in Bezug auf den Begriff „patria" (hier: Vaterland).[173] Noch prägnanter hat es Isaac Velazco formuliert, der in Bezug auf Marti sagte: „Wenn wir von Vaterland sprechen, dann meinen wir das, was José Marti gegenüber seiner Mutter gesagt hat, die Liebe zum Vaterland ist nicht lächerliche Liebe zur Erde, es ist der tiefe Hass gegen den, der sie unterdrückt.".[174]

Die Befreiung vom kolonialen Joch fließt also in die Vorstellung von „patria" mit ein. Damit erhält dieser Begriff eine andere Tragweite. Im Sinne der Exodus-Vorstellung könnte man gar von einem „gelobten Land" sprechen. Dies ist damit gemeint, wenn Bernardo Tovar Zambrano von Überleben spricht: "Das Konzept Vaterland wurde zunehmend mit dem amerikanischen Territorium identifiziert, mit dem Boden, auf dem man geboren war, der das Überleben bedeutete und ein räumliches Zugehörigkeitsgefühl ermöglichte."[175]

Damit ist zugleich auch auf das Territorium verwiesen, also auf den „Grund und Boden". Der Boden hat in diesem Zusammenhang eine weitere Bedeutung. So sei abermals auf Keyserling verwiesen, der den Lateinamerikanern eine „Erdhaftigkeit" bescheinigte. Dieser Verweis auf eine Naturgebundenheit beinhaltet aber im Zusammenhang mit „patria" weitaus mehr. So wird der Boden zu dem Ort, der Geburtsstätte und Wohnort ist. Eindrucksvoll hat diesen Zusammenhang Jorge Icaza in seinem Roman „Huasipungo"[176] beschrieben, in dem es um das „kleine Stückchen Erde" geht, welches in diesem Fall den Indios als Lebensraum dient. Geschildert wird das Drama, welches sich für die Indios abspielt, als amerikanische Ölkonzerne diesen Lebensraum der Indios zerstören wollen. Als Manifestation des Widerstandes kann eine Redewendung gesehen werden, die Icaza in seinem Roman mehrfach wiederholt: „Der huasipungo gehört uns.".[177] Hierin zeigt sich die enge Verbundenheit mit dem „Stückchen Erde", welche symbolisch mit dem Begriff „patria" verknüpft

---

[173] Radkau Garcia, Verena: Schwierigkeiten, 1998. S. 7-21.
[174] Velazco, Isaac: Spuren, 1998. S. 85.
[175] Tovar Zambrano, Bernardo: Macht, 1998. S. 37.
[176] „Huasipungo" ist das indianische Wort für die Hütte und dem damit verbundenen Teil des Landes, auf dem die Hütte steht.
[177] Icaza, Jorge: Huasipungo, 1981. S. 188.

werden kann. So zeigt sich die letzte Identifikation Lateinamerikas in Bezug auf „patria". „Patria" als der Ort, der Zuflucht bietet, der Heimat ist, und damit auch Identität erzeugt. Im eschatologischem Sinne ist es das noch ausstehende Ziel, welches es zu erreichen gilt auf dem langen Weg: „patria" als Endziel – ein geeintes Lateinamerika.

Damit muss auf einen weiteren Begriff verwiesen werden, auf den Begriff „pueblo" (=das Volk). „Pueblo" steht in Lateinamerika in einem engen Kontext zu „patria". Bewohner der „patria" ist das „pueblo". Wenn also von einem geeinten Amerika die Rede ist, im Traum der „libertadores" etwa, so impliziert dies zum einen den Wohnraum, das Territorium Lateinamerika, also „patria", aber auch dessen Bewohner, „pueblo". Kein gelobtes Land ist ohne das auserwählte Volk zu denken. Während sich der Wunsch nach Gemeinsamkeit in einem gemeinsamen Lebensraum manifestiert, so ist es das Volk, welches gemeinsam diesen Raum erst erobern kann.[178]

6. Zusammenfassung

Wie aus den Anmerkungen zum Lateinamerikanischen hervorgeht, gibt es trotz der Heterogenität innerhalb dieses Kontinentes, Gemeinsamkeiten innerhalb der lateinamerikanischen Gesellschaft. Diese erschließen sich aus den Selbstdefinition während der Identitätssuche der lateinamerikanischen Völker.

Dabei zeigt sich zuerst die Auseinandersetzung mit Europa. Ihr folgt die Abgrenzung gegenüber Nordamerika, wohl aber immer mit dem Hintergedanken einer Utopie eines geeinten Amerika. Aufgrund dieser Abgrenzung ergibt sich auch die Übernahme des Begriffes *Lateinamerika* durch die Lateinamerikaner selber. Damit wird zugleich der Verweis auf die Teilabstammung der lateinamerikanischen Völker von Europa verwiesen, die sich auch heute noch in der Sprache zeigt. Jedoch bewegen sich die Lateinamerikaner innerhalb dieser Teilabstammung gleichsam

---

[178] Vgl. hierzu etwa die Bedeutung des Spruches: „El pueblo unido jamas sera vencido." (= „Das geeinte Volk wird niemals besiegt werden."), welcher als politischer Slogan unter der Regierung Salvador Allendes in Chile (1970-73) verwendet wurde.

orientierungslos. Demgegenüber steht die zweite Abstammung, die indianische. Es baut sich ein Spannungsfeld auf, dem zu entrinnen das Bemühen der Lateinamerikaner ist. Hierin wird das mythische Element des „Exodus", des „Sich-auf-den-Weg-machen", aufgegriffen. Es kommt die Befreiung ins Spiel, Befreiung im Sinne einer Identitätssuche, als Befreiung aus dem oben beschriebenen Spannungsfeld. Der Weg der rBefreiung wird gleichsam zum Wegweiser zu einer Identität.

Somit werden auch die damit verbundenen Befreiungsbewegungen in einem bestimmten Kontext gesehen. Folge davon sind die Heroisierungen, wie sie beispielhaft an Bolívar und Martí dargestellt wurden.

Entscheidend bleibt jedoch die Vorstellung Lateinamerikas als Utopie, welche eine lateinamerikanische Identität in die Zukunft verlegt. Dabei spielen die Begriffe „patria" und „pueblo" eine gewichtige Rolle, die, will man sie im Kontext des Exodusgedanken verstehen, eine Zugehörigkeit ausdrücken, welche über die einfachen Patriotismusgefühle hinausgeht. „Patria" und „pueblo" werden vor diesem Hintergrund zu einem Ziel, zu dem Ziel des Weges.

In den letzten Jahren hat sich dabei der Mythos eines vereinten Amerika wieder stark an der Vergangenheit, insbesondere der indianischen Vergangenheit orientiert.

Erst diese Kenntnis der Besonderheiten Lateinamerikas erlauben es, das mythische Element im Hinblick auf Che Guevara näher zu untersuchen, und auch zu verstehen. Denn, wie zu zeigen sein wird, hat sich Che Guevara selbst in diesen Kontext eingeordnet, und folglich fand auch die Rezeption in Lateinamerika in diesem Kontext statt. So gilt es nun, in einem zweiten Teil der Arbeit, den Blick auf Che Guevara zu werfen.

C. Das Beispiel – Der Mythos „Che"
I. Che Guevara – eine biographische Skizze

1. Vorüberlegungen allgemeiner Art

Nachdem nun in einem ersten Teil das theoretische Gebäude zur Analyse des mythischen Elementes bei Che Guevara erstellt wurde, soll nun in einem zweiten Teil dieses Gebäude anhand ausgewählter Beispiele mit Leben gefüllt werden.

Zuvor müssen jedoch noch einige Anmerkungen gemacht werden. Ein politischer Mythos, wie er sich in der Person Che Guevara manifestiert, ist in seinem Wesen so komplex, dass er verschiedene Deutungsrichtungen zulässt.[179] Sich dessen bewusst, muss daher die vorliegende Arbeit bei ihrer Quellenbetrachtung stets auch die Herkunft der Quelle miteinbeziehen. Im Falle Che Guevaras lässt sich der herausgearbeitete Dualismus von „Freund/Feind" sehr klar darstellen. Nichtsdestotrotz muss bei der Bewertung beachtet werden, dass keine der dargestellten Deutungs-richtungen letztlich einen Anspruch auf alleingültige Wahrheit erheben kann. Vielmehr ergibt sich die Wahrheit aus dem Zusammenspiel aller Faktoren. Da es jedoch nicht um die Suche der Wahrheit geht, kann sich die vorliegende Arbeit auf die Darstellung der Deutungsrichtungen beschränken. Dabei bleibt es sicherlich nicht aus, dass eine eigene Interpretation mit einfließt. Dies ist auch durchaus gewollt. Doch auch die Eigeninterpretation kann hier nicht den Anspruch auf Wahrheit erheben.

Sich mit dem Mythos „Che" auseinander zu setzen – ob wissenschaftlich oder anderweitig, bedeutet jedoch auch immer von diesem Mythos in Bann gezogen zu werden. So ist es unerlässlich, sich mit dem Leben Che Guevaras zu beschäftigen. Es ist wenig verwunderlich, dass eine enorme Fülle an Biographien über Che den Büchermarkt überschwemmen. All diese Biographien sind nichts weiter als eigene Interpretationen des Mythos „Che". Ohne das Wissenschaftliche aus dem Auge zu verlieren, wird auch diese Arbeit nicht umhin können, das Leben Che Guevaras kurz

---

[179] Hierzu wurde bereits im ersten Hauptteil herausgearbeitet, dass der politische Mythos gerade von und durch diese Deutungsrichtungen lebt. (Vgl. hierzu den Dualismus „Freund/Feind"!)

darzustellen. Doch mit eben dieser Darstellung reiht auch diese Arbeit sich ein in die Eigeninterpretationen des Mythos „Che".

Gänzlich zu verhindern wird dies nicht sein. Schließlich sind, wie es für einen Mythos üblich ist, wenige Daten seines Lebens verifiziert, vieles ist der Spekulation überlassen. Somit ranken sich um Ches Leben etliche Legenden, es wurde immer nach Interpretationen und Erklärungen gesucht, wieso „dies oder das" geschah. Diese Arbeit hat zwar vorrangig Interesse an den verifizierten Lebensdaten Che Guevaras, dennoch zeigen die Legenden um Ches Leben bereits die Züge des mythischen, ohne dass auf diese Legenden näher eingegangen werden soll. So wird in einer kurzen biographischen Skizze das Leben Che Guevaras vorgestellt werden, um im weiteren Verlauf die Analyse des mythischen Elementes bei Che verstehen zu können. Natürlich kann eine solche kurze Skizze nicht ausreichend sein, eine Person wie Che Guevara und dessen Wirkung in ihrer Komplexität zu erfassen. Eine detaillierte Biographie würde jedoch den Rahmen der Arbeit sprengen, und ist auch nicht Sinn dieser Arbeit. Zur Vertiefung der biographischen Lektüre sei auf die Anmerkungen verwiesen. Für die folgende biographische Skizze wurden vor allem die beiden ausführlichen Biographien von John Lee Anderson: „Che. Die Biographie", Paco Ignacio Taibo II: "Che. Die Biographie des Ernesto Guevara", sowie aus der Reihe der Rowohlt Monographien der Band "Che Guevara" von Elmar Mayr herangezogen.

2. Das Leben Che Guevaras

Bereits die Geburt Che Guevaras umhüllt sich mit einem mythischen Element insofern, als das Datum der Geburt nicht eindeutig bekannt ist. Zwar gilt allgemein der 14. Juni 1928 als Geburtstag von Ernesto Guevara de la Serna (so sein vollständiger Name), jedoch soll dieses Datum nicht das wahre Datum seiner Geburt sein. Wie John Lee Anderson in seiner Biographie zu berichten weiß, wurde Che bereits einen Monat früher geboren. Demnach vertraute Ches Mutter „ihrer Freundin ein Geheimnis an, das sie seit mehr als drei Jahrzehnten wohl gehütet hatte. In Wirklichkeit war ihr berühmter Sohn einen Monat eher zur Welt gekommen, am 14. Mai. [...] Auf dieses Täuschungsmanöver hatte sie zurückgreifen müssen, weil sie am Tag ihrer Hochzeit mit Ches Vater schon im dritten Monat schwanger war."[180]

Seine Eltern waren Ernesto Guevara Lynch und Celia de la Serna. Sowohl sein Vater als aber auch seine Mutter galten als „rebellisch" in dem Sinne, dass sie sich nicht an die gängigen Konventionen halten wollten. Celia de la Serna war adliger Abstammung, als „Urenkelin des letzten spanischen Vizekönigs von Südperu".[181] Diese Tatsache ermöglichte es den Guevaras, in den gehobeneren Kreisen der argentinischen Gesellschaft zu verkehren. Zudem hatten sie aufgrund dieser Tatsache einige Ländereien als Besitz. Eine diese Ländereien nutzt Ernesto Guevara Lynch als Mate-Plantage.[182] Der erhoffte wirtschaftliche Gewinn bleibt jedoch aus, so dass Ches Vater das Vermögen der Familie damit zugrunde wirtschaftet.

Ernesto Che Guevara verlebte so eine sorgenfreie Jugend. Jedoch trat im Alter von zwei Jahren das Krankheitsbild Asthma bei Che auf. Dies Krankheit sollte ihn Zeit seines Lebens begleiten.[183] Trotz des Asthmas zeichnete Che sich durch eine besondere „Zähigkeit" aus. Gerade in sportlichen Wettkämpfen wollte er nie zurückstehen. „Zur Überraschung aller wagte er sich sogar an den rauhesten Rasensport, ans Rugbyspiel. Er wurde hierin ein wahrer Teufelskerl, bekannt und gefürchtet wegen seines ungestümen Einsatzes.".[184] Im Kampf gegen das Asthma brachte Che bereits als Kind eine ungeheure Willensstärke auf. Doch allzu oft fesselte ihn das Asthma auch ans Bett, wo er sich die Zeit mit Schach spielen und lesen vertrieb. Roberto Massari charakterisiert die Jugend Che Guevaras als Leben im „Kontrapunkt von Asthma und Mate [...], der die biologischen Rhythmen der gesamten Existenz Ches bestimmt hat".[185]

---

[180] Anderson, John Lee: Che, 2001. S. 15.

[181] May, Elmar: Che Guevara, 2001. S. 8.

[182] Mate gilt als das Nationalgetränk Argentiniens. Es ist ein bitteres „Kraut", welches mit heißem Wasser überbrüht aus einem ausgehöhlten Kürbis mittels eines Röhrchens (bombilla) getrunken wird.

[183] Asthma gilt als psychosomatische Krankheit. Dies hatte zur Folge, dass oftmals gewisse Ängste oder Leistungsdrücke als Einfluss auf Ches Leben hineininterpretiert wurden, die diese Krankheit zum Ausbruch kommen ließen. Eine solche Interpretation ist hier nicht relevant.

[184] May, Elmar: Che Guevara, 2001. S. 12.

[185] Massari, Roberto: Utopie, 1987. S. 10.

Im Jahre 1946, nach bestandener Reifeprüfung, schreibt sich Che als Medizinstudent an der Universität zu Buenos Aires ein.[186] Als entscheidender Wendepunkt in Ches Leben stellen sich seine Reisen dar. Bereits früh packte ihn das Fernweh, und „seine erste Reise führte über Córdoba in die nördlichen Provinzen Argentiniens, nach Jujuy und Salta, von dort in die Nähe des Gran Chaco und in die bolivianischen Randgebiete.".[187]

Während er zu dieser ersten Reise noch mit seinem Fahrrad unterwegs war, so unterbrach er gegen Ende des Jahres 1951 sein Studium ohne Abschluss, und machte sich zusammen mit seinem Freund Alberto Granado auf einem Motorrad auf den Weg durch Lateinamerika. Die Reise dauerte bis zum Sommer 1952, und war sicherlich ein entscheidender Wendepunkt in Ches Leben. So schreibt Che selber in seinem Tagebuch „Latinoamericana", welches die Erlebnisse der Reise festhält: „Die Person die diese Notizen schrieb, starb als sie ihren Fuß wieder auf argentinischen Boden setzte, und der sie ordnet und an ihnen feilt, `ich´, bin nicht ich; zumindest bin ich nicht mehr dasselbe innere Ich. Dieses ziellose Streifen durch unser riesiges Amerika hat mich stärker verändert, als ich glaubte.".[188]

Wenngleich Che Guevara nach dieser Reise zunächst nach Buenos Aires zurückkehrt, um sein Studium abzuschließen, so zieht es ihn kurz darauf bald wieder in die Ferne. „Mit der Note ´Genügend` erlangte Ernesto im März 1953 das Diplom als Arzt und Chirurg. Bereits wenige Monate später kehrte er seinem Vaterland [Argentinien; Anm. des Verfassers] endgültig den Rücken.".[189] Über die Nachricht der bestandenen Prüfung erzählt Ches Vater: „´Ich war ungeheuer glücklich [...] aber nicht lange. Kaum hatten wir erfahren, dass er sein Arztexamen bestanden hatte, kündigte er uns eine neue Reise an.´"[190]

So bricht Che Guevara im Jahre 1953 erneut zu einer Reise auf, die ihn diesmal durch Bolivien bis Mexiko führt. Er erlebt die gescheiterte

---

[186] Auch hier gab es wieder Anlass zur Spekulation über Ches Berufswunsch. Während von einigen Biographen vermutet wurde, er wollte durch sein Studium ein Mittel zur Bekämpfung des Asthmas finden, behaupten andere wiederum, er wollte seiner Großmutter helfen, die an Krebs litt.

[187] May, Elmar: Che Guevara, 2001. S. 21.

[188] Guevara, Ernesto Che: Latinoamericana, 1998. S. 19.

[189] May, Elmar: Che Guevara, 2001. S. 26-27.

[190] Anderson, John Lee: Che, 2001. S. 85.

Revolution in Guatemala 1954, als der rechtmässig gewählte Präsident Arbenz von einem, von der CIA gestützten Söldnerheer gestürzt wird. Dort lernt er auch seine erste Frau Hilda Gadea Acosta kennen, mit der er ein erstes Kind, eine Tochter „Hildita" hat. Unter ihrem Einfluss, so wird erzählt, kam er das erste Mal mit Karl Marx in Berührung. Dieser hat in stark geprägt, so dass er Karl Marx sogar „San Carlos" nennt, und seiner Mutter aus Mexiko schreibt: „la nueva etapa de mi vida exige también el cambio de ordénación; ahora San Carlos es primordial, es el eje, y será por los anos que el esferoide me admita en su capa más externa..."[191]

In Guatemala hat Che bereits Kontakte mit revolutionären Gruppierungen aufgenommen. Gegen Ende des Jahre 1954 kommt er nach Mexiko. Dort trifft er auf Fidel Castro, der im Exil eine Revolution auf Cuba vorbereitet. „Einen Tag nach Fidels Ankunft in Mexiko-Stadt am 7. Juli traf Ernesto mit ihm in der Calle Empéran zusammen. Nachdem sie sich eine Weile unterhalten hatten, gingen Ernesto, Fidel und Raúl [Raúl Castro, der Bruder Fidels; Anm. des Verfassers] gemeinsam essen. Schon wenige Stunden später forderte Fidel Ernesto auf, sich seiner Guerillabewegung anzuschließen, und Ernesto erklärte sich auf der Stelle einverstanden."[192] Zweifelsohne musste Fidel auf Che Guevara eine große Faszination ausgeübt haben. Che erkannte Fidel immer als den „Führer" der Revolution an. Ein Gedicht, „Gesang auf Fidel", welches Che noch in Mexiko (also vor der kubanischen Revolution) schrieb, zeigt sehr deutlich seine Bewunderung für Fidel. Er schreibt darin: „Vorwärts denn, feuriger Prophet der Morgenröte, auf stillen Pfaden ohne Drahtverhau, den grünen Caimán befrein, den du so lieb hast. Vorwärts denn, Beschimpfungen trotzend, die Front voll martianisch empörter Sterne, schwören wir, Sieg zu erlangen oder den Tod. Wenn der erste Schuß tönt und es erwacht in jungfräulichem Schreck der ganze Maquis, da werden wir, heiter kämpfend, an deiner Seite stehen. Wenn deine Stimme in alle vier Winde Agrarreform, Gerechtigkeit, Brot, Frieden streut, da werden wir mit gleichen Tönen an deiner Seite stehen. [...] Und wenn auf unserm Gang das Eisen in den Weg tritt, erbitten wir ein Leichentuch aus Cubas Tränen, mit

---

[191] Guevara Lynch, Ernesto: Soldado, 2000. S. 138. Übersetzt: „Die neue Phase meines Lebens erfordert auch eine veränderte Organisation; jetzt steht San Carlos auf dem ersten Platz, er ist das Zentrum, und er wird es für die Jahre sein, bis mich der Sphäroid in seine äußersten Bereiche eindringen lassen wird...".

dem die Guerilleroknochen sich bedecken bei ihrem Eingang in die
Geschichte Amerikas. Nichts weiter."[193] Diese Zeilen zeigen sehr deutlich
die bedingungslose Bereitschaft Ches, Fidel zu folgen. Bis zuletzt sollte
sich dies nicht ändern.[194]

Schon bald darauf sollte Che an der Seite Fidels durch die Kubanische
Revolution zu Bekanntheit gelangen. „Das kubanische Guerrillero-
Abenteuer begann am 25. November 1956, als nachts um 2 Uhr die Yacht
'Granma` mit 83 Mann an Bord und abgeblendeten Lichtern den
mexikanischen Hafen Tuxpan verließ."[195]

Es folgten zweieinhalb Jahre revolutionären Kampfes auf Cuba.[196] In dieser
Zeit macht Che sich vor allem aufgrund der *Schlacht von Santa Clara* eine
Namen. Diese *Schlacht von Santa Clara* gilt als Wendepunkt der
Revolution auf Cuba. Che wird zum Comandante ernannt, den höchsten
Rang, den die revolutionäre Armee Kubas vergeben kann. Während der
Zeit der Kämpfe in der Sierra Maestra lernt Che Aleida March kennen,
welche nach der siegreichen Revolution seine zweite Frau werden wird.
Mit ihr hat er drei weitere Kinder.

Neben Fidel wurde Che schnell der zweite Mann in Cuba. „Am 9. Februar
1959 wurde er in Anerkennung seiner Verdienste auf Vorschlag Castros
durch Verfassungsgesetz als 'geborener Kubaner´ bestätigt."[197] In der
Folgezeit hat Che die Leitung des Nationalinstitutes für Agrarreform
(INRA) inne. Am 23. Februar 1961 wird Che zum Industrieminister
ernannt.[198]

---

[192] Anderson, Jon Lee: Che, 2001. S. 143.

[193] Guevara, Ernesto Che: Gesang auf Fidel, 1968. S. 11-12.

[194] Dennoch sei hier darauf verwiesen, dass einige Autoren die Meinung vertreten, dass
Che von Fidel verraten, ja sogar ermordet wurde. So soll Che selbst geäußert haben,
dass Fidel ihn verraten habe. Dennoch blieb er ihm bedingungslos verbunden. Hierauf
wird später noch näher einzugehen sein, wenn es um die Wirkungsgeschichte Ches
geht.

[195] May, Elmar: Che Guevara, 2001. S. 37-38.

[196] Aufgrund der hier gebotenen Kürze ist es nicht möglich, näher auf die Kubanische
Revolution und ihren Verlauf einzugehen. Auch kann nicht auf Fidel Castro als „lider
maximo" eingegangen werden. Wenn nötig, werden die Bezüge mit und zu Che
erläutert werden. Ansonsten wird auf die vorhandene Literatur zur Kubanischen
Revolution und Fidel Castro verwiesen.

[197] May, Elmar: Che Guevara, 2001. S. 53.

[198] Auch hier findet sich wieder eine der berühmten Legenden um Che. So sollte in
einer langen Sitzung Fidel Castros der Posten des Industrieministers vergeben werden.
Als Fidel in die Runde fragte, ob den „economistas" (Ökonomen) anwesend seien, hob

Als Sprecher Kubas reist Che in den folgenden Jahren um die Welt. Hier kommt es zu gegensätzlichen Ansichten zwischen ihm und Fidel. Während Fidel noch stark den Weg Moskaus folgen will, plädiert Che offen für eine Annäherung an Peking. Dies wurde oft als Grund gesehen, wieso ihm „am 14. März 1965 [...] ein nahezu unauffälliger Empfang zuteil" wurde, als er nach einer längeren Reise nach Havanna zurückkehrte.[199]

Es kam zu einer Aussprache zwischen Fidel und Che. Diese fand hinter verschlossenen Türen statt und gibt bis heute Anlass zu Spekulationen. So verließ Che Cuba nur kurze Zeit später. Zunächst um im Jahre 1965 den revolutionären Kampf im Kongo zu unterstützen.[200] Seine Beteiligung im Kongo war der Allgemeinheit unbekannt, so dass im Jahre 1965 Mutmaßungen über den Aufenthaltsort Ches aufgestellt wurden, die groteske Formen annahmen.[201] Nach dem Scheitern im Kongo kehrte Che für kurze Zeit nach Cuba zurück, um jedoch nach wenigen Wochen weiter nach Bolivien zu reisen. Dort sollte sein letztes Abenteuer stattfinden. Von Bolivien aus wollte Che einen revolutionären Brandherd entfachen, der nach und nach auf ganz Lateinamerika übergreifen sollte. Doch auch dieses Projekt Ches scheiterte. Am 9. Oktober 1967 wird Che Guevara in La Higuera, Bolivien erschossen.

3. Das Lebenswerk Ches – die Identitätssuche

Da dieser Arbeit die These zugrunde liegt, dass Ches Lebenswerk durch eine Identitätssuche gekennzeichnet ist, so muss dies auch anhand seiner Biographie belegt werden. So interessieren neben den oben erwähnten biographischen Daten auch jene Fakten, die üblicherweise nur als Randerscheinungen in den Biographien auftreten. Die Frage nach dem, was

---

der zuvor eingenickte Che die Hand. Er verstand lediglich „communistas" (Kommunisten), so die Legende. Von diesem Tage an war Che Minister.

[199] May, Elmar: Che Guevara, 2001. S. 78.

[200] Die Erlebnisse Ches im Kongo sind in seinem Tagebuch „Pasajes de la guerra revolucionaria: Congo" festgehalten, welches unter dem deutschen Titel „Der afrikanische Traum" erschien. Che selbst hat dieses Tagebuch als „Geschichte eines Scheiterns" dargestellt.

[201] Es war vom „fantasma" (Gespenst) Che die Rede. Auch hierauf wird im weiteren Verlauf noch eingegangen werden.

Che in seinem Leben beeinflusst hat. Ist hier von Lebenswerk die Rede, dann nur deswegen, weil Che ein Mensch war, der sich stets bemüht hat, seine Ideen und Ideale zu leben. Was er also in schriftlicher Form in seinem „Werk"[202] darlegte, war ihm zugleich Maßstab zum Handeln und umgekehrt.

Dieser entscheidende Punkt, die vermeintliche Einheit von Ches Denken und Handeln trug in erheblichem Maße zu seiner Mythisierung bei. Es war Jean-Paul Sartre, der über Che sagte er sei „der vollkommenste Mensch unseres Jahrhunderts". Angesichts dieser Einheit von Denken und Handeln bei Che ist hier von einem Lebenswerk die Rede.

Zugleich impliziert Lebenswerk jedoch auch mehr. Ein Lebenswerk will gestaltet werden, es beschäftigt den Menschen sein Leben lang. In diesem Sinne gilt nach der These dieser Arbeit die Identitätssuche Che Guevaras als dessen Lebenswerk. Ans Ziel ist diese Identitätssuche Ches freilich nie gelangt. Aber vermutlich liegt gerade auch hierin der Mythos Ches: das nicht erreichte Ziel, die Offenheit des Ziels. Es rückt der Weg (als Ziel) in den Vordergrund, wie es bereits im Sinnbild des Exodus dargelegt wurde. Damit ergibt sich jedoch auch ein neues Bild von Che Guevara, das Bild des rastlosen, nicht in sich ruhenden, stets auf der Suche befindlichen Abenteurers. Wie jedoch drückt sich die Identitätssuche Che Guevaras konkret aus?

Eine Identitätssuche ist immer auch Dialog. Wenn hier von Identitätssuche die Rede ist, so knüpft dieser Teilbereich nahtlos an die Theorie im ersten Hauptteil an, dergestalt, dass ein Mythos zweifelsohne Teil der Identitätssuche ist. Und hierin ergibt sich das Wechselspiel, in dem auch Che Guevara sich befindet. Natürlich hat auch er Mythen rezipiert. Zugleich aber hat er sich selbst mythisiert, seit Kindheit an, zunächst eher unbewusst, später dann bewusst. Zunächst aber gilt es herauszuarbeiten, welche Einflüsse Che auf seinem Lebensweg geprägt haben. Dabei gilt einer ersten Betrachtung der Literatur. Che Guevaras Leben war bis zuletzt bestimmt von Büchern.[203] So las er Bücher, zugleich schrieb er aber auch selbst.

---

[202] Hier ist vornehmlich das literarische Werk gemeint, auf das in einem weiteren Kapitel noch näher behandelt werden wird.

[203] Nach seinem Tode fand man in seinem Rucksack einige Bücher, darunter sein Tagebuch, sowie Werke Trotzkys und Nerudas.

Unter den Büchern, die einen großen Einfluss auf Che ausgeübt haben, war zunächst das Gaucho Epos „Martín Fierro". „Im Jahre 1872 von José Hernández geschrieben, ist die Geschichte das Gauchos Martín Fierro – der wegen der grausamen Ungerechtigkeit, die die Gesellschaft beherrscht und die Untertanen erdrückt, zum Banditen wird – zum ursprünglich argentinischen, dann allgemein anerkannten lateinamerikanischen Prototyp des epischen Gedichts geworden."[204] Weiterhin kannte Che das Werk „Ariel" von José Enrique Rodó, welches er auch sehr schätzte. So bezog er sich bei seiner Rede auf der Konferenz der OAS in Punta del Este (am 8. August 1961) auf Rodós „Ariel". Denn, so Che, „Rodó bringt im gesamten *Ariel* den gewaltsamen Kampf und die Widersprüche der lateinamerikanischen Völker gegen die Nation zum Ausdruck, die schon seit fünfzig Jahren auch unsere Wirtschaft und unsere politische Freiheit beeinträchtigen...".[205]

Che Guevara bezog sich immer wieder auf literarische Texte, etwa in Briefen an seine Eltern, oder zu anderen Anlässen. Eine Romanfigur, mit der er sich immer wieder verglich war Don Quijote. „*Don Quijote von La Mancha* brachte Che sein ganzes Leben lang fast Verehrung entgegen."[206] So ließ er unter anderem in der Sierra Maestra seinen Rekruten aus dem Werk Cervantes vorlesen. Die Tragik des Helden „Don Quijote" projizierte er auf sein eigenes Leben. So verglich sich Che mehrere Male mit „Don Quijote"; am bekanntesten ist wohl der Abschiedsbrief an seine Eltern, in dem er schrieb: „Wieder einmal spüre ich unter meinen Fersen das Gerippe Rosinantes; ich kehre um auf dem Weg, meinen Schild am Arm."[207] Hierin zeigt sich eine erste Identifikation mit einem imaginären Helden, die für Che typisch war.

Dabei war Che fasziniert von den tragischen Gestalten, jenen, die von anderen ausgebeutet, missachtet oder gar nicht erst verstanden wurden. Die Literatur seiner Zeit bot ihm dabei mannigfaltige Gelegenheit zur Identifikation mit den Unterdrückten. So blieb es auch nicht aus, dass Che mit Begeisterung „Die Verdammten dieser Erde" von Frantz Fanon las. Er nahm sich sogar vor, „eine Einleitung für die kubanische Ausgabe zu

---

[204] Massari, Roberto: Utopie, 1987. S. 26.
[205] Ebd., S. 26. Zitiert nach Guevara, Ernesto Che: Escritos y discursos. La Habana, 1977. Band 9, S. 41.
[206] Ebd., S. 22.

schreiben."[208] Freilich macht das Lesen der Literatur noch niemanden zum Revolutionär. Die Wirkung dieser Literatur auf Che – insbesondere die Anziehungskraft ihrer Ideen auf Che – bleibt damit Spekulation. Außer Zweifel steht jedoch, dass er unter dem Eindruck der oben genannten Literatur sein revolutionäres Bewusstsein entfalten konnte. Dem Buch „Huasipungo" von Jorge Icaza wird hierbei eine Schlüsselrolle zuteil. „Dieser Roman hatte einen enormen Einfluss auf Che, auch wegen des Ortes und des historischen Moments, an dem er ihn liest: im Guatemala von Arbenz. In einer etwas gewagten Analogie wurde behauptet, dass dieses Werk auf den Reifeprozess Ches einen ähnlichen Einfluß gehabt haben könnte, wie ihn *Les paysans* von Balzac auf die Ideen von Marx über die Bauern hatte".[209]

Dies sind nur einige prägnante Beispiele, die belegen, dass Che mit und in der Literatur lebte, die er las. Er bewegte sich also ganz bewusst in einer lateinamerikanischen und auch revolutionären Tradition.

So gerne er las, so gerne schrieb er auch selber. In einer Ehrbekundung an den Schriftsteller Ernesto Sábato betonte Che im April 1960 die herausragende Bedeutung, die das Schreiben für ihn hatte. Dabei wird der Beruf des Schriftstellers von ihm geradezu vergöttert, wenn er schreibt: „´...was für mich die heiligste Sache der Welt ist, der Titel Schriftsteller...´".[210]

Das Schreiben war für ihn gleichsam Reflexion, wie dies sehr eindrucksvoll seine vielen Tagebücher belegen, die er zu allen Ereignissen anfertigte.[211] Doch nicht nur die Tagebücher legen Zeugnis dieser Reflexion ab, sondern auch seine zahlreichen Briefe. So zeugen von sachlichen Analysen seiner selbst und verarbeiten einschneidende Erlebnisse. Interessant dagegen sind Ches Arten der Unterschrift. Ob nur zum Scherz oder bewusst, es fällt auf, dass Che sich des öfteren anderer Namen bediente, um seine Briefe zu unterzeichnen. So ist es einmal Don Quijote, ein andermal gar Stalin II, wie er sich in Ehrerbietung an Stalin selber

---

[207] Guevara, Ernesto Che: Eltern, 1968. S. 13.

[208] Massari, Roberto: Utopie, 1987. S. 21.

[209] Ebd., S. 40.

[210] Ebd., S. 27. Zitiert nach Guevara, Ernesto Che: Escritos y discursos. La Habana, 1977. Band 9, S. 375.

[211] So schrieb er Tagebücher über seine Reisen und Tagebücher über seine revolutionären Aktivitäten.

nennt. Zugleich zeigen diese Unterschriften auch, dass Che seine eigene Persönlichkeit noch nicht gefunden hatte. Bis zuletzt war er immer wieder begeistert von Ideen und Taten berühmter Persönlichkeiten, die er innerlich verehrte.

Während dies sich dies alles in seiner Imagination abspielte, gab es überdies noch die realen Begegnungen mit Persönlichkeiten, die Che stark beeinflussten. Eine dieser Persönlichkeiten, die Che maßgeblich beeinflussten war ein gewisser Dr. Pesce. Diesen trifft er auf seiner Reise mit Alberto Granado, während eines Aufenthaltes in einer Leprastation. In einem Gespräch mit Dr. Pesce kommt Che zu dem Schluss, dass im Kampf gegen die Ungerechtigkeit auch Waffengewalt von Nöten sein kann. In seiner Romanbiographie hat Frederik Hetmann dieses Gespräch dargestellt. So sagt Dr. Pesce zu Che: „'Jemand muss Ihnen Ihre Romantik austreiben. [...] Sie werden an den Punkt kommen, an dem Sie einsehen, dass es mit Wohltätigkeit nicht getan ist. [...] Sie werden sich für die Gewalt entscheiden müssen. Für die Revolution. Für den Umsturz der bestehenden Verhältnisse. [...] Was Südamerika angeht, so gilt es zuerst einmal, ein kontinentales Selbstvertrauen zu entwickeln. Erst wenn das geschehen ist, wird es zu einer Revolution auf breiter Front kommen.'"[212] Freilich ist dieser Dialog frei erfunden. Das Gespräch und damit verbunden die Anregungen jedoch beruhen auf realen Tatsachen. So schrieb Che Guevara selbst, in einer Widmung an Dr. Pesce: „'Für Dr. Hugo Pesce, der vielleicht ohne es zu wissen – bewirkte, dass sich meine Einstellung gegenüber dem Leben und der Gesellschaft änderte. Sodass ich meine Ziele zwar immer noch mit dem gleichen abenteuerlichen Geist wie früher verfolge, nun aber in größerem Einklang mit den Bedürfnissen Amerikas.'"[213]

Die Veränderung im Geiste Ches nach dieser Reise war offensichtlich. Er war bereit, sein ärztliches Wissen gegen die Waffe zu tauschen. Seiner Mutter schrieb er 1956: „Mein Weg scheint sich langsam aber sicher von der Medizin zu entfernen, aber nie soweit, um in mir Sehnsucht nach dem Krankenhaus hervorzurufen."[214]

---

[212] Hetmann, Frederik: Solidarität, 1999. S. 79-80.
[213] Ebd., S. 82.
[214] Massari, Roberto: Utopie, 1987. S. 33.

4. Ches Selbstdarstellung – der Weg des Che Guevara

Im folgenden Abschnitt soll auf Ches Selbstdarstellung eingegangen werden. Damit soll die Frage geklärt werden, wie sah Che sich selbst? Es ist zugleich die Antwort auf den Weg, den Che zeit seines Lebens gegangen ist. Ein Weg, der für ihn in der Losung „Patria o muerte" (= Vaterland oder Tod) seine Bestimmung fand. Wenn diese Arbeit der These nachgeht, dass Ches Leben und sein Werk durchdrungen war von einer unablässigen Suche nach seiner eigenen Identität, vor dem Kontext einer Einbettung in eine lateinamerikanische Identität, so muss dargelegt werden, wieso dies so war.

a) Patria o muerte

Es wurde bereits dargelegt, welchen Einfluss die Reisen auf Ches Leben hatten. Che war stets unterwegs, nach außen ersichtlich, in seinen Reisen, aber auch innerlich auf der Suche. Er befand sich in einem nie enden wollenden Prozess einer Entwicklung, die ihn, so war er sich sicher, an ein Ziel führen würde. In diesem Prozess folgte er stets seiner Intuition, seiner inneren Stimme. Man könnte es auch Schicksal nennen, zumindest wusste er, dass er berufen war, bestimmte Dinge zu tun. Dennoch war ihm der Weg letztlich nie bewusst. Vielmehr ergab sich dieser Weg stets neu für ihn.

Der Antrieb, welcher ihn zu seiner Bestimmung führte, war ein eiserner Wille, gepaart mit seinem Humanismus, dem Bestreben, die sozialen Missstände zu verändern. Diese sind ihm vollends erst auf seinen Reisen bewusst geworden. Von diesem Zeitpunkt an, wusste er, dass er sich stets auf die Seite der Armen schlagen würde. Und, fast prophetisch schrieb er am Ende seines Tagebuches „Latinoamericana", dass er für das Volk kämpfen werde, und „mit dem Geheul eines Besessenen die Barrikaden oder Schützengräben stürmen" werde, seine „Waffe in Blut tauchen und, rasend vor Wut, jeden Besiegten, der [ihm] in die Hände fällt, niedermetzeln.".[215] Diese Vision geht sogar soweit, dass er sein Ende kommen sieht: „Und ich sehe, [...] wie ich hingeopfert der jeden Willen gleichmachenden, echten Revolution, mit den beispielgebenden Worten mea culpa auf den Lippen falle.".[216]

Wenngleich er jedoch in diesen Visionen eine sehr deutliche Vorstellung davon hat, welchen Weg er einschlagen wird, so gibt er mehrfach offen zu, dass er dennoch nicht weiß, wie dieser sich exakt gestalten wird. An Tita Infante schreibt er: „de mi vida futura sé poco en cuanto a rumbo y menos en cuanto a tiempo.".[217]

Und an anderer Stelle erklärt er: "Ich weiß noch nicht einmal, ob ich ein Akteur oder ein an der Aktion interessierter Zuschauer sein werde."[218] Eben dieser Zwiespalt ist es, Akteur oder Zuschauer, der Zwiespalt zwischen Erahnen des Weges und Nicht-Kennen des Weges, der Che ausmacht. So stand er stets auch in dem Zwiespalt zwischen Schicksal und Selbstbestimmung. Er wusste, dass er mit seiner Willenskraft vieles erreichen konnte. Zugleich aber war er sich des Schicksals bewusst, welches ihn von außen führte. So schrieb er in einem Gedicht: „Die Kugeln; was können sie mir anhaben, da mir vom Schicksal doch bestimmt ist zu ertrinken. Doch ich werde das Schicksal überwinden. Dein Schicksal änderst Du durch Willenskraft."[219] An seiner inneren Zerrissenheit ändert sich auch nichts, nach dem Sieg der kubanischen Revolution. Er schreibt: „Ich bin immer noch derselbe Einzelgänger von einst, auf der Suche nach meinem eigenen Weg [...] ich fühle etwas im Leben, [...] ein absolut fatalistisches Gefühl meiner Mission, das mir jede Furcht nimmt."[220]

Was aber war dieses fatalistische Gefühl? Auf seiner Identitätssuche wurde ihm Lateinamerika sinnbildlich zum Weg. Jenes Lateinamerika, welches er auf seinen Reisen durchquert hatte. Es war für ihn mehr als Heimat. Und wenn er seiner Bestimmung folgen wollte, wie er es in der Vision darlegte, dann war sein Kampf der Kampf für das Volk Lateinamerikas. „Ich fühle mich so sehr als Patriot Lateinamerikas, irgendeines Landes Latein-

---

[215] Guevara, Ernesto Che: Latinoamericana, 1998. S. 149.

[216] Guevara, Ernesto Che: Latinoamericana, 1998. S. 149.

[217] Guevara Lynch, Ernesto: Soldado, 2000. S. 21. Übersetzt: „Von meinem zukünftigen Leben weiß ich wenig, was den Kurs angeht, und noch weniger die Zeitfolge.".

[218] Taibo II, Paco Ignacio: Che, 1997. S. 65.

[219] Anderson, Jon Lee: Che Guevara, 2001. S. 48.

[220] Massari, Roberto: Utopie, 1987. S. 271.

amerikas, wie sonst niemand, und in dem Moment, in dem es notwendig wäre, wäre ich bereit, mein Leben für die Befreiung irgendeines Landes Lateinamerikas hinzugeben, ohne irgendjemanden um etwas zu bitten, ohne etwas zu verlangen."[221]

Oft wurde im Nachhinein behauptet, Che habe den Tod freiwillig gesucht, sein Tod wurde als eine Art Selbstmord dargestellt. So etwa von Ludek Pachman, der Che selbst kannte und sagte, Che wäre nach Bolivien gegangen, um dort zu sterben. „Es war eine andere Form des Selbstmordes", so Pachman.[222] Che selber hat niemals den Tod gesucht, er war sich lediglich bewusst darüber, mit welcher Konsequenz er letztlich diesen Kampf führte. Im Kampf um eine Identität hatte der Slogan „Patria o muerte" eine tiefere Bedeutung. Es blieb letztlich nur der Ausweg „patria" als Sinn des Lebens, das heißt Identität, oder eben „muerte" als Nicht-Identität, welches mit dem Tod gleichgesetzt werden kann. So konnte sich Che nur in der Rolle des Soldaten Amerikas sehen, als er 1953, bei der Abfahrt seines Zuges im Bahnhof Retiro in Buenos Aires, seiner Verwandtschaft zurief: „'Hier fährt ein Soldat Amerikas ab!'".[223]

b) Hat Che seinen Mythos selbst stilisiert?

Die Frage, ob Che seinen Mythos selbst stilisiert hat, scheint berechtigt. Nachdem, was bereits dargelegt wurde, war sich Che Guevara durchaus seiner Bestimmung bewusst, wenngleich er nicht wusste, wann und wie ihn das Schicksal einholen würde. Er war aufgrund dieser Tatsache auch sehr selbstbewusst. Dies spiegelt sich in der Aussage seines Vaters wieder, der über Ches Einzug in Havanna schrieb: „Ernesto kannte bei seinem Einzug in Havanna bereits seinen zukünftigen Weg. Er war sich seiner Persönlichkeit bewusst und verwandelte sich in einen Menschen, dessen Glauben an den Sieg seiner Ideale fast an Mystik grenzte."[224] Diese Aussage steht scheinbar im Widerspruch zu der Aussage Ches nach dem

---

[221] Massari, Roberto: Utopie, 1987. S. 245. Zitiert nach Guevara, Ernesto Che: Escritos y discursos. La Habana, 1977. Band 9, S. 309.

[222] Pachman, Ludek: Revolution, 1985. S. 82.

[223] Guevara Lynch, Ernesto: Sohn, 1986. S. 400.

Triumph der Revolution. Der Widerspruch löst sich jedoch mit Blick auf Ches Widerspruch in seinem Wesen selbst. Che war sich sehr wohl bewusst über seine Wirkung und es ist zu vermuten, dass er genau mit diesem Wissen seinen Mythos selber mit geschaffen hat.

Ganz gleich, ob bewusst oder unbewusst, seine Persönlichkeit und sein Auftreten haben seinen Mythos mit gefördert.

II. Das schriftliche Werk Ches

Wird im Folgenden über das schriftliche Werk Ches zu reden sein, so ist es sinnvoll, dieses in vier Teile zu untergliedern. Da sind zunächst die bereits erwähnten Tagebücher Ches, die er zu allen Gelegenheiten verfasste. Sie geben Aufschluss über seine innersten Gedanken und Entwicklungen. Zugleich sind sie aber auch nüchterne Betrachtungen der gegebenen Umstände, etwa im Falle der Revolutionstagebücher. Daneben geben vor allem die zahlreichen Briefe Ches seine innere Verfassung wieder. Sie erlauben es auch, Rückschlüsse auf sein eigenes Bild zu ziehen.

Interessant für die mythische Betrachtung sind dann jedoch zunächst seine Reden[225] und Aufsätze. Beide zeigen geradezu exemplarisch das mythische Element in Ches Werk auf, hier vor allem in der Gestalt des Dualismus von „Freund/Feind". Vollendet wird das schriftliche Werk Ches durch seine theoretischen Schriften, hier allen voran die Schriften zur Guerilla.

Im Zusammenhang mit seinem theoretischen Werk ist es interessant nach den Einflüssen Ches zu fragen. Es ist bekannt, wie auch bereits weiter oben erwähnt, dass etwa Karl Marx einen großen Einfluss auf Che ausübte. Dies zeigt sich auch im Beispiel des „hombre nuevo" Ches. Eine detaillierte Analyse der Einflüsse auf Ches theoretisches Werk, ist jedoch im Rahmen dieser Arbeit nicht möglich, da eine solche Analyse zwar interessant wäre, jedoch vom eigentlichen Thema zu weit entfernen würde. Somit wird sich

---

[224] Ebd., S. 91.
[225] Zwar waren diese Reden nicht primär zum Lesen bestimmt, schließlich waren es ja Reden, dennoch sollen sie hier zum schriftlichen Werk gerechnet werden, da sie in schriftlicher Form vorliegen.

die vorliegende Arbeit auf die originären Konzepte Ches beschränken, und eventuelle Einflüsse nicht weiter untersuchen. Es sei jedoch angemerkt, dass Che sicherlich etwaige Ideen übernommen hat, diese jedoch immer auf den konkreten Fall in Lateinamerika angewendet hat. Darin liegt seine eigene originelle Leistung.[226]

1. Die Tagebücher Ches

Bereits weiter oben wurden die Tagebücher Ches erwähnt. Che Guevara führte zu allen Gelegenheiten Tagebuch. Dies ermöglicht es, die einzelnen Abschnitte seines Lebens aus seiner eigenen Sicht heraus zu betrachten. Während seine ersten Tagebücher, die seiner Reisen[227], noch sehr gefühlvoll und bewegt geschrieben sind, so sind die Tagebücher seiner revolutionären Aktivitäten[228] im Stil sehr nüchtern. Zwar hat Che schon immer die Ereignisse um sich herum nüchtern betrachtet und beschrieben, jedoch gleichen die Tagebücher aus den revolutionären Aktivitäten eher Bestandsaufnahmen und strategischen Analysen. Die nüchterne Art dieser Tagebücher wird am folgenden Beispiel deutlich, in dem Che eine Kampfhandlung in der Sierra Maestra[229] beschreibt, bei der er selbst einen Streifschuss abbekommen hat: „Wir kampierten in einem kleinen Wald am Rande eines Zuckerrohrfeldes in einer von Bergen umsäumten Niederung.

---

[226] Zur weiteren Literatur über die Einflüsse anderer Autoren in Ches Werk, sei auf den Aufsatz *„Dekolonisation" ohne direkte Kolonialherrschaft: Guevaras politische Theorie des Partisanenkrieges* von Bassam Tibi verwiesen; dieser ist dem „Handbuch der dritten Welt" entnommen. Ferner findet sich eine sehr ausführliche und ausgezeichnete Darstellung in: Massari, Roberto: Che Guevara. Politik und Utopie. Das politische und philosophische Denken Ernesto Che Guevaras. Frankfurt am Main, 1987. Zudem hat sich Michael Löwy in seinen Büchern ausführlich mit dem Marxismus Ches befasst.

[227] Hier führte Che Tagebuch zu seiner ersten Reise, mit dem Fahrrad, zu seiner zweiten Reise mit Alberto Granado sowie seiner dritten Reise, von Bolivien nach Mexiko. Dabei ist das bekannteste – wohl auch wegen des klar erkennbaren Umbruchs in seinem Denken – das Tagebuch seiner Reise mit Granado. In deutsch unter dem Titel „Latinoamericana. Tagebuch einer Motorradreise 1951/52" erschienen.

[228] Hierunter fällt das Kubanische Tagebuch, das Tagebuch aus dem Kongo, sowie das Tagebuch aus Bolivien.

[229] Die Sierra Maestra ist eine Hügellandschaft in Cuba. Von hier aus wurde der revolutionäre Kampf gegen das Regime Batistas aufgenommen.

Um 16.30 Uhr wurden wir vom Feind überrascht. Der Generalstab zog sich ins Zuckerrohr zurück und befahl den Rückzug in diese Richtung. Der Rückzug nahm Fluchtcharakter an. Der Generalstab ließ viel Gepäck zurück. Ich versuchte, eine Kiste Munition zu retten, und in diesem Augenblick wurde Arbentosa [Albentosa] von einer Maschinengewehrgarbe verletzt, ich glaube tödlich; ich selbst bekam einen Streifschuss am Hals ab. Die Kugel traf zuerst die Kiste und warf mich zum Boden. Für einige Minuten verlor ich das Bewusstsein. Pepe Ponce erlitt einen Lungenschuß. Raúl Suárez wurde an der Hand getroffen."[230] Und an anderer Stelle schreibt Che: „Den Weihnachtsabend verbrachten wir am gleichen Ort, ein Aufschub, der mir unnütz erscheint. Ein weiteres Johnson-Gewehr ist ausfindig gemacht worden, ist aber noch nicht im Ziel eingetroffen. In einer Zeitungsnachricht heißt es, dass sich in der Expedition ein argentinischer Kommunist mit äußerst schlechtem Ruf befindet, der seines Landes verwiesen wurde. Sein Familienname, natürlich, Guevara."[231]

Diese letzte Notiz zeigt sehr deutlich den Umgang Ches mit seinen Gefühlen. Sein beliebtestes Stilmittel bleibt dabei unverkennbar seine Ironie.

So wie diese Ausschnitte für die nüchterne, zeitweilig ironische Analyse Ches stehen, so stehen sie jedoch noch für weitaus mehr. Ches Tagebücher sind selbst mittlerweile zum Mythos geworden, nicht zuletzt deswegen, weil sie Che Guevara in einem mythischen Licht erscheinen lassen. Als „abgeklärter" Kämpfer, der nüchtern die Lage analysiert, und, wie im ersten Beispiel, sogar seine Tapferkeit belegen, da er in einem Moment der Verwundung noch die Munitionskiste retten wollte. Freilich ist dies eines von unzähligen Beispielen, die belegen, dass der Kult um Che gerade auch aus den Tagebüchern heraus entstanden ist. Viele Tagebücher waren der Allgemeinheit lange verschlossen. Zum 30. Todestag Ches wurden sie teilweise geöffnet. Es kam zu einer erneuten Welle der Verehrung Ches.

---

[230] Castro, Raul; Guevara, Ernesto Che: Eroberung, 1997. S. 69.
[231] Ebd., S. 117.

2. Die Briefe Ches

Eine zweite Quelle zu Ches innerer Verfassung eröffnet sich in seinen Briefen. Er stand regelmäßig in Briefkontakt zu seinen Eltern, vor allem zu seiner Mutter, mit der ihm eine besondere Beziehung verband. Aber es gab noch zwei andere Frauen, die ihm in besonderer Weise als Ansprechpartnerin und Stütze dienten, seine Tante Beatriz und ein Mädchen namens Tita Infante, die er 1948 während seines Studiums kennen lernte. Oft wurde letztere Beziehung als verkappte Liebesbeziehung gedeutet, jedoch gibt es dafür keinerlei Hinweise. Vielmehr scheint es, als seien Tita Infante und Che zeit ihres Lebens lediglich sehr gut befreundet gewesen. Berühmt wurden insbesondere Ches Abschiedsbriefe an seine Eltern, seine Kinder, und an Fidel Castro, als er Kuba verließ.[232] Der Abschiedsbrief, „la carta de despedida del Che", wird heute noch in Cuba wie eine Reliquie verehrt.[233]
Besonders die Abschiedsbriefe fassen nochmals Ches Ideen und Ideale zusammen. Während bereits auf diese Briefe im Zuge seiner Selbstdarstellung eingegangen wurde, soll hier noch mal der Abschiedsbrief an seine Kinder hervorgehoben werden. Es war ein Appell an seine Kinder, ihn in seinem Weg als Revolutionär zu verstehen. Zugleich verbindet sich in diesem Brief eine Hoffnung Ches, die Hoffnung als Beispiel für seine Kinder voranzugehen, dass auch sie den Weg der Revolution gehen. So schreibt er: „Denkt immer daran, dass die Revolution das ist, was zählt, und das jeder von uns allein nichts wert ist. Seid immer fähig, bis ins tiefste jede Ungerechtigkeit zu empfinden, die irgendwo auf der Welt irgend jemand angetan wird. Das ist die schönste Eigenschaft eines Revolutionärs."[234]
Che zeigt in diesen Briefen eine tiefe Emotionalität. Diese ist es auch, welche ihn nach eigenen Aussagen zur Revolution geführt hat. So schreibt er an anderer Stelle, in einem Brief an Carlos Quijana von der Zeitschrift „Marcha": „Lassen sie mich sagen, auch auf die Gefahr hin, lächerlich zu

---

[232] Zu diesem Zeitpunkt schien er sich schon bewusst gewesen zu sein, dass er Cuba nicht wiedersehen würde.

[233] Hierzu folgt weiter unten noch eine genauere Betrachtung.

[234] Anderson, Jon Lee: Che Guevara, 2001. S. 556.

erscheinen, dass der wahre Revolutionär von großen Gefühlen der Liebe geleitet wird."[235]

3. Ches Reden und Aufsätze

Das mythische Element im Sinne des Dualismus „Freund/Feind", und damit verbunden einer eigenen Identifikation, lässt sich anhand von Ches Reden und Aufsätzen zahlreich belegen. Die Abgrenzung ist klar getroffen, der Hauptgegner heißt für Che „Imperialismus", gestaltannehmend in den USA. Zugleich zeigt sich in dieser Abgrenzung eine klare interpellatorische Aussage Ches, welche dem Individuum ein klares Weltbild aufzeigt. Diese Funktion des Mythischen wurde im ersten Hauptteil dargelegt, und es wurde gezeigt, wie diese Handlungsanweisung dem Individuum Rückhalt gibt. Damit verbindet sich bereits eine Herstellung von Identität, welche durch Abgrenzung erreicht wird. Es bleibt letztlich nur eine Alternative übrig, der gemeinsame Kampf gegen den Imperialismus. „Die Tatsache, dass es zu einer vollkommenen Vereinheitlichung des Wirtschaftsraums Amerika gekommen ist, hat zu einer Tendenz der Einheit der Kräfte geführt, die gegen den Imperialismus kämpfen. Wir müssen immer brüderlicher im Kampf zusammenstehen, weil es ein gemeinsamer Kampf ist, ein Kampf der z.B. jetzt zum Ausdruck kommt – und zwar in der Solidarität aller Völker gegenüber Kuba - , weil man sehr schnell dabei ist zu begreifen, dass es nur einen einzigen Feind gibt, den Imperialismus, der hier in Amerika einen Namen hat – der US-Imperialismus", so Che am 18. Mai 1962 bei einer Rede vor den Mitgliedern des Ministeriums für Staatssicherheit.[236]
Zwar kommt Cuba in diesem Sinne eine Sonderrolle zugute, die des Vorpostens im Kampf gegen den Imperialismus, jedoch will Che Cuba als in der lateinamerikanische Familie integriert sehen. So sagt er: „Wir wollen, unserer Natur nach, zur lateinamerikanischen Familie gehören; wir wollen zusammen mit Lateinamerika leben."[237] Diese Einstellung zeigt

---

[235] Guevara, Ernesto Che: Sozialismus, 1997. S. 32.
[236] Cupull, Adys; González Froilán: Menge, 1997. S. 86.
[237] Ebd., S. 76.

deutlich die Forderung nach Geschlossenheit innerhalb Lateinamerikas, sie setzt aber damit bereits voraus, dass es eben eine „Familie" Lateinamerika gibt. Die Existenz eines gemeinsamen Lateinamerika wird – ob utopisch oder realistisch – bereits vorausgesetzt. Gemeinsam hat Lateinamerika den Feind Imperialismus. Doch Che geht noch weiter, wenn er den Kampf nicht allein auf Lateinamerika bezieht, sondern in einen globalen Rahmen stellt, als Kampf zweier Ideologien.[238] „Es ist ein Kampf zwischen zwei Ideologien und zwei diametral entgegengesetzten Denkweisen [...] und der Kampf jener, die das Bestreben haben , dass alle Menschen gleich sind, dass alle die gleichen Chancen erhalten, und außerdem darum kämpfen, dass alle Völker der Erde – inklusive das Volk der Vereinigten Staaten – frei werden."[239] Bemerkenswert ist hier die besondere Hervorhebung des Volkes der USA, welche in der potentiellen Befreiung vom Imperialismus mit eingeschlossen sind. Somit zeichnet er einen Weg, den es zu gehen gilt, mit dem Endergebnis, den Imperialismus zu überwinden. Aber nochmals tritt hier das mythische Element auf, in abermaligen Bezug auf den „Feind". So erklärt Che: „Letztlich hängt dieses Endergebnis aber nicht von uns ab, sondern von der Aggression der Feinde. Von uns hängt es ab, ob wir siegreich und stärker aus einer solchen Konfrontation hervorgehen, wenn wir uns ihr stellen müssen. Von uns hängt alles Positive ab, von ihnen hängt alles Negative ab. Wir arbeiten für die Zukunft und sie arbeiten daran, uns zurück in die Vergangenheit zu bringen."[240] Dieses Zitat zeigt noch einmal sehr schön den Dualismus „Freund/Feind" mit der Gegenüberstellung des „Positiven" und des „Negativen". Zugleich verweist Che hier auf den Weg – den Exodusgedanken – indem er das Endziel in die Zukunft legt.

Der Ruf nach Gemeinsamkeit der lateinamerikanischen Völker im Kampf gegen den Imperialismus lässt sich als Identitätssuche verstehen, so wie sie im ersten Hauptteil angesprochen wurde.

---

[238] Für Che war der Kampf gegen den Imperialismus stets ein globaler Kampf, was auch seine Bereitschaft erklärt, im Kongo zu kämpfen. Auf die Internationalität des Denkens Ches soll in dieser Arbeit jedoch nicht eingegangen werden. Es ist insofern auch irrelevant, da Che den primären Kampf zunächst in Lateinamerika sah. Das heißt die globale Dimension des Kampfes bezog Che zunächst auf die kontinentale Dimension.
[239] Cupull, Adys; González, Froilán: Menge, 1997. S. 109.
[240] Ebd., S. 47.

4. Die theoretischen Schriften Ches

Konkrete Gestalt nimmt der Kampf gegen den Imperialismus in Ches theoretischen Schriften an. Unter diese theoretischen Schriften Ches fallen neben seinen wirtschaftstheoretischen Schriften auch seine Schriften zur Guerilla. Beide sind für die vorliegende Arbeit von Interesse, da sie in ihrem Kern das mythische Element in Ches Werk beinhalten, den „hombre nuevo".[241] Während die wirtschaftstheoretischen Schriften jedoch mehr Ches Idee des „moralischen Anreizes"[242] betonen, zeigen die Schriften zur Guerilla, wie der reale Kampf gegen den Imperialismus aussehen soll.

Die Schriften zur Guerilla gliedern sich in zwei Werke, in das Buch „Der Guerillakrieg", sowie dessen (nachträglich geschriebene) Ergänzung „Guerillakrieg: eine Methode". Ferner lässt sich noch der Aufsatz „Was ist ein 'Guerillero'?", erschienen kurz nach der Kubanischen Revolution in der Zeitschrift *Verde Olivo*, hinzurechnen.

Auch diese Schriften sind sehr nüchtern und theoretisch und lesen sich wie eine Art Handbuch für Revolutionäre. Bis in das kleinste Detail führt Che an, welche Ausrüstungsgegenstände ein Guerillero mitführen sollte, wie das Gesundheitswesen geregelt sein muss, und vieles mehr.

a) Die „foco"-Theorie

Che entwickelt in diesen Schriften die sogenannte „foco-Theorie". Dieser Theorie nach reicht ein kleiner Brandherd (= „foco") aus, um eine Revolution zu entfachen. Ches Theorie beruht auf drei Prämissen, die er selbst erläutert: „Aus den Erfahrungen der kubanischen Revolution glauben wir für die revolutionären Bewegungen auf dem lateinamerikanischen Kontinent drei wichtige Lehren ziehen zu können. 1. Die Kräfte des Volkes können einen Krieg gegen eine reguläre Armee gewinnen. 2. Nicht immer muss man warten, bis alle Bedingungen für eine Revolution gegeben sind,

---

[241] „Hombre Nuevo" steht für „Neuer Mensch". Auf diesen zentralen Aspekt wird in einem fünften Punkt noch detailliert eingegangen werden.
[242] Diese Idee wurde von Che entwickelt und geht davon aus, dass der „moralische Anreiz" eines Individuums ihn dazu anhält, für das Allgemeinwohl zu arbeiten.

der aufständische Fokus kann solche Bedingungen selbst schaffen. 3. Im unterentwickelten Amerika müssen Schauplatz des bewaffneten Kampfes grundsätzlich die ländlichen Gebiete sein."[243]

Mit diesen Prämissen gab Che letztlich die Vorgaben, nach denen der Guerillakampf in Lateinamerika geführt werden sollte. Die „foco-Theorie" wurde damit selbst zum Mythos. Nicht nur Che Guevara selbst hat sich an diese Theorie gehalten – etwa in Bolivien – sondern auch die in den sechziger und siebziger Jahren entstandenen Guerillabewegungen in Lateinamerika.[244] Zum Mythos wurde die Theorie deshalb, weil es eine große Gruppe war, die an die Gültigkeit dieser Theorie glaubte und sich mit ihr identifizierte. Ganz im Sinne Ches, der seine Theorie auf ganz Lateinamerika projizieren wollte. So wurde es zu seinem Traum und Leitbild, dass „die Andencordillere [...] berufen [ist], die Sierra Maestra zu sein", ein Bild, das Fidel Castro prägte.[245] Der Kampf gegen den Imperialismus war, wie bereits erwähnt, für Che vor allem ein kontinentaler Kampf, dessen Eintritt und Sieg nicht bezweifelt wurde. „Wir können nicht sagen, wann der Kampf diesen kontinentalen Charakter annehmen wird, noch, wie lange er dauern wird; aber wir können sein Heraufkommen und seinen Triumph vorraussagen, weil er das Ergebnis unvermeidlicher historischer, ökonomischer und politischer Umstände ist, und weil deren Kurs nicht umgebogen werden kann."[246]

Ches eigenes Scheitern, sowie die erfolglosen Guerillabewegungen nach seiner Zeit, waren für seine Kritiker Anlass genug festzustellen, dass diese Theorie nicht auf Lateinamerika übertragbar ist. Vielmehr äußerte sich in seinen Guerillaschriften eine Analyse der Kubanischen Revolution. Die Erfahrungen dieser Revolution wollte Che als Leitregeln auf Lateinamerika übertragen.

---

[243] Guevara, Ernesto Che: Guerillakrieg, 1972. S. 23.

[244] Freilich kam es auch hier zu Entwicklungen, so dass man nach und nach von dieser Theorie abgekommen ist, und verstärkt zu städtischen Aktionen übergegangen ist (Stadtguerilla).

[245] Guevara, Ernesto Che: Methode, 1972. S. 136.

[246] Ebd., S. 136.

b) Die Stellung des Guerillero

Als aktivem Kämpfer und Mittler in diesem Prozess kommt dem Guerillero eine zentrale Stellung zugute. Die Frage nach dem „Warum?" erklärt Che auf folgende Weise: „`Warum kämpft er?` Die Antwort führt zu der Schlussfolgerung: Der Guerillero ist ein Umgestalter der Gesellschaft. Er greift zu den Waffen aus zornigem Protest des Volkes gegen seine Unterdrücker, er kämpft für die Veränderung der sozialen Verhältnisse, die seine waffenlosen Brüder in Rechtlosigkeit und Elend halten."[247] Ist der Guerillero aber „Vollstrecker des zornigen Protestes des Volkes",[248] wie Che an anderer Stelle formuliert, so muss der Guerillakampf folgerichtig ein Kampf der Massen sein. So fügt Che hinzu: „Es ist wichtig festzustellen, dass der Guerillakrieg ein Kampf der Massen, ein Kampf des Volkes ist; dass die Guerilla der bewaffnete Kern, die kämpfende Avantgarde des Volkes ist, ihre Stärke gründet sich auf die Massen. Die zahlenmäßige Überlegenheit des Feindes hebt diese nicht auf, auch dann nicht, wenn die Feuerkraft der Guerilla geringer ist als die der ihr gegenüberstehenden regulären Truppen."[249]

Hier wird sehr deutlich das Motiv der Geschlossenheit betont. Ohne den Rückhalt in der Masse kann die Guerilla nicht erfolgreich sein. Es zeigt sich auch hier wieder ein mythisches Element im Glauben an die Masse. Das Wechselspiel zwischen Guerilla und Volk ist entscheidend. Beide bedingen einander. Jedoch ist auch eine Zweiteilung zu erkennen. So steht die Guerilla klar von der Masse getrennt. Beide gehen Hand in Hand, jedoch fungiert die Guerilla als Sprachrohr der Masse. Der Guerillakämpfer wird somit der Masse enthoben. Es ergibt sich ein weiteres mythisches Element, in der Gestalt des Helden, welcher durch den Guerillero verkörpert wird. „Er ist der Freiheitskämpfer par excellence, der Auserwählte des Volkes, seine Avantgarde im Befreiungskampf.".[250]

Im Weiteren charakterisiert Che den Guerillero und stellt seine besonderen Fähigkeiten heraus. Neben den taktischen Fähigkeiten, welche an dieser Stelle nicht weiter von Interesse sind, beschreibt Che Guevara auch dessen

---

[247] Guevara, Ernesto Che: Guerillakrieg, 1972. S. 18.
[248] Ebd., S. 26.
[249] Ebd., S. 25.
[250] Guevara, Ernesto Che: Guerillero, 1972. S. 16.

Willen zur totalen Aufopferung. „Alle Menschen, die sich durch Willensstärke und hohes Pflichtgefühl auszeichnen, haben ein Ideal, das sie auch in ungünstigen Situationen aufrechterhalten. Die Ideale der Guerilleros sind nicht weit gesteckt, sie sind einfach und klar, so dass die Kämpfer ohne zu zögern ihr Leben dafür einsetzen."[251] In diesem Einsatz des Lebens spielt das Opfer eine zentrale Rolle, in dem Sinne, wie es im ersten Hauptteil dargelegt wurde. Jedoch ist hier das Opfer klar definiert: das eigene Leben.

Interessant ist Ches Einstellung gegenüber den Frauen. So bleibt das Feld des Guerillero nicht alleine den Männern überlassen, sondern, wie Che schreibt: „Die Frauen spielen in einer Revolution keine geringe Rolle. Man muss hervorheben, dass diese Rolle in unseren Ländern mit ihren kolonialen Traditionen bisher unterschätzt wurde. Die Frauen können mit den schwersten Aufgaben betraut werden, Schulter an Schulter mit den Männern bestehen sie die schwersten Kämpfe.[252] [...] Die Frauen können die vielfältigsten Kampfaufgaben lösen."[253] Wenn hier die Bemerkungen Ches recht emanzipatorisch anmuten mögen, so hat er nicht wenige Zeilen weiter eine ganz andere Vorstellung: „Die Frauen können aber auch in den Guerillagruppen mit anderen Aufgaben betraut werden, zum Beispiel mit der Zubereitung des Essens für die Kämpfer. Für einen Menschen, der das schwere Guerillaleben führt, ist es sehr angenehm, wenn er statt seines schnell selbst zurechtgemachten Essens schmackhaft zubereitete Mahlzeiten bekommt."[254]

Schließlich jedoch gilt für den Guerillero, ob Mann oder Frau, dass er in erster Linie den Willen des Volkes vertritt. Dabei charakterisiert ihn Che gar als Sozialreformer, und fasst zusammen: „Wir haben den Guerillero als einen Menschen bezeichnet, dessen Ziel es ist, den Willen des Volkes zu vollstrecken. [...] In seinem ganzen Handeln und in seinem Umgang mit der Bevölkerung wird mehr oder weniger klar zum Ausdruck kommen, dass er

---

[251] Guevara, Ernesto Che: Guerillakrieg, 1972. S. 58.

[252] Hier sei angemerkt, dass Che selbst positive Erfahrungen – wenngleich auch auf andere Art – mit Frauen im Guerillakrieg gemacht hatte. So wurde Aleida March, ehemals Kampfgefährtin, seine zweite Frau. Auch in Bolivien schien er mit der Deutsch-Argentinierin Tamara Bunke eine Affäre zu haben. Sie soll sogar zum Zeitpunkt ihres Todes im dritten Monat schwanger gewesen sein.

[253] Guevara, Ernesto Che: Guerillakrieg, 1972. S. 87.

[254] Ebd., S. 87.

eine neue, gerechte Gesellschaftsordnung erstrebt.“[255] Damit wird der Guerillero zum Prototyp des „hombre nuevo“, des „neuen Menschen“.

5. Das Konzept des „hombre nuevo“

Der "hombre nuevo" – der "neue Mensch" – bildet das Kernstück in Ches theoretischem Werk. Mit diesem Ansatz folgt Che der Idee vom „neuen Menschen“, wie sie schon in vielfältiger Weise von anderen Denkern vor ihm entwickelt wurde. Es ist anzunehmen, dass Che diese Ideen kannte, wenngleich er selbst nicht direkt darauf eingeht.[256] Somit soll im Folgenden das Konzept des „hombre nuevo“ dargelegt werden, so wie es Che entwickelt hat.

Die besondere Fähigkeit des „hombre nuevo“ ist es, sich der Gesellschaft und dem Gemeinwohl unterzuordnen. Diese Unterordnung bedingt freilich immer ein Opfer. Ein solches Opfer haben wurde bereits im „Guerillero“ vorgestellt. Für Che ist der Guerillero die höchste Stufe des „hombre nuevo“. Doch auch im alltäglichen Leben gilt es, diese heroischen Opfer zu bringen. „Jeder Kämpfer aus der Sierra Maestra, der in den revolutionären Streitkräften einen höheren Rang erreichte, verzeichnet auf seiner Haben-Seite eine Anzahl beachtenswerter Taten. [...] Bei anderen Anlässen in unserer Geschichte wiederholte sich diese völlige Hingabe an die revolutionäre Sache. [...] Den Ansatzpunkt zu finden, um diese heroische Haltung im alltäglichen Leben zu verankern, ist eine unserer Hauptaufgaben im ideologischen Bereich.“[257] Und eben diese heroische Haltung manifestiert sich nach Che in der Unterordnung des einzelnen unter die Bedürfnisse des Volkes. Che sagt: „Das wichtigste ist die Nation, ist das ganze kubanische Volk, wir müssen stets bereit sein, für das Allgemeinwohl ein persönliches Opfer zu bringen. Und so geht es weiter: Jede Gruppe von Menschen ist wichtiger als der einzelne, und die Arbeiter

---

[255] Ebd., S. 52.

[256] In der vorliegenden Arbeit soll somit auch nicht näher auf die Ideengeschichte des „neuen Menschen“ eingegangen werden. Stattdessen wird auf die sehr gute Übersicht von Gottfried Küenzlen in seinem Buch „Der neue Mensch“ verwiesen.

[257] Guevara, Ernesto Che: Sozialismus, 1997. S. 15.

eines Industriezweiges sind wichtiger als die Gewerkschaft einer Fabrik, und alle Arbeiter sind wichtiger als der einzelne Arbeiter."[258]

Che belässt es aber nicht dabei, das Opfer zu fordern, er betont auch die Wichtigkeit für das Verständnis des Opfers: „Ebenfalls notwendig ist es, in jedem Augenblick zu wissen, warum Opfer notwendig sind, denn der Weg der Industrialisierung, also der Weg in den allgemeinen Wohlstand, ist in diesen Zeiten der wirtschaftlichen Großmächte kein einfacher Weg. Im Gegenteil, es ist ein sehr mühsamer Weg."[259]

Mit dem Bild des Weges weist Che zugleich auf die Tatsache hin, dass das Konzept des „neuen Menschen" als eschatologisch zu verstehen ist. Der „hombre nuevo" als Mythos, den zu erreichen Ziel aller sein sollte. Dabei bildet die Jugend und die Partei die Basis, von der aus der „hombre nuevo" gebildet werden soll. Damit wird Ches Konzept des „hombre nuevo" zu einem Bildungskonzept, in dessen erster Linie die Erziehung der Individuen steht. „In unserer Gesellschaft spielen die Jugend und die Partei eine große Rolle. Besonders wichtig ist erstere, denn sie ist der Ton, aus dem sich der neue Mensch ohne all seine früheren Mängel formen lässt. Sie erfährt die Behandlung entsprechend unseren Ansprüchen. Ihre Erziehung wird nach und nach vollkommener, und wir vergessen nicht, sie so früh wie möglich an den Arbeitsprozess heranzuführen. [...] Die Arbeit ist in gewissen Fällen eine Belohnung, manchmal auch ein Erziehungsmittel, niemals aber eine Strafe."[260]

Mit dem Moment der Erziehung kommt die staatliche Lenkung hinzu, die es erlaubt, den Mythos vom „hombre nuevo" zu lenken. Dies geschah bereits zu Zeiten Ches, vor allem aber, wie noch zu zeigen sein wird, nach seinem Tode. Als Musterbeispiel sollten dabei die Kader der Partei, also die Spitzenpolitiker voran gehen. An vorderster Front sah sich selbst auch immer Che Guevara, der geradezu den „hombre nuevo" zu verkörpern schien.[261] Maßgeblichen Anteil hat dabei Che Guevara selbst, der mit seiner Willensstärke und seinen Ansichten auch bewusst diesen Mythos förderte. Dabei war sicherlich von entscheidender Bedeutung, dass sich Che darüber im Klaren war, dass er selbst noch nicht seine Endbestimmung

---

[258] Guevara, Ernesto Che: Denkweisen, 1997. S. 44.
[259] Guevara, Ernesto Che: Denkweisen, 1997. S. 37.
[260] Guevara, Ernesto Che: Sozialismus, 1997. S. 31.

erreicht hatte. Er sah sich selbst, wie alle Menschen, noch als unfertig und auf dem Wege an. „Ich glaube", so Che, "es ist am einfachsten, seine Unfertigkeit, d.h. unvollkommenes Produkt zu sein, als Eigenschaft anzuerkennen."[262]

Die Schwierigkeiten auf dem Weg zum „hombre nuevo" waren ihm dabei durchaus bewusst. Daher wusste er auch um die notwendige Vorbildfunktion, die auch er erfüllte. „Der Weg ist lang und voller Schwierigkeiten. Manchmal werden wir umkehren müssen, weil wir vom richtigen Weg abgekommen sind; manchmal, weil wir zu schnell vorangeschritten sind und uns von den Massen entfernt haben. Bei anderen Gelegenheiten, wenn es zu langsam vorangeht, spüren wir den drängenden Ansporn derjenigen, die uns auf die Füße treten. Unser revolutionärer Ehrgeiz treibt uns dazu, so rasch wie möglich voranzukommen und neue Wege aufzuzeigen, aber wir wissen, dass wir den Massen verbunden bleiben müssen und dass diese nur dann schneller voranschreiten können, wenn sie durch unser Beispiel ermutigt werden."[263]

Am Ende dieses Prozesses steht der „hombre nuevo". Für Che ist es klar, dass dieses Ziel erreicht wird: „Wir werden den Menschen des 21. Jahrhunderts hervorbringen: uns selbst."[264] Mit dieser Aussage ist zugleich die letzte Frage geklärt: Wie sieht der „hombre nuevo" aus? Nach Che Guevara ist der „hombre nuevo" also ein jeder Einzelne, der durch die Anstrengung des Weges und das Erbringen des Opfers für das Allgemeinwohl, dieses Ziel erreicht hat. Dabei ist der Charakter des „hombre nuevo" freilich nicht ausreichend definiert. Vielmehr baut sich der „hombre nuevo" auf dem bereits bestehenden alten Menschen auf. Der Weg zum Erreichen des Ziels jedoch ist hauptsächlich durch das Gemeinwohl vorgegeben – und damit wieder durch die Bildungseinrichtungen. Der Mythos des „hombre nuevo" ist damit als ein politischer Mythos entlarvt, da er sich staatlich lenken lässt. Auch dieser Mythos unterliegt einem Dualismus. So lässt auch er nur eine mögliche Entscheidung offen: die zwischen dem „hombre nuevo" und dem alten

---

[261] Zu diesem Thema wird im weiteren noch eingegangen werden, im Teil über Ches Wirkungsgeschichte.
[262] Guevara, Ernesto Che: Sozialismus, 1997. S. 19.
[263] Guevara, Ernesto Che: Sozialismus, 1997. S. 23.
[264] Ebd., S. 35.

Menschen. Die Aufforderung ist dabei klar herausgestellt, es gilt, zum „hombre nuevo" zu gelangen.

6. Der Mythos der kubanischen Revolution in seinem Kontext zu Lateinamerika

Es ist an dieser Stelle wichtig, auf den Mythos der kubanischen Revolution in seinem Kontext zu Lateinamerika einzugehen. Hierbei soll lediglich die Sichtweise Che Guevaras in Betracht gezogen werden.[265] Dabei ist es wichtig, wie bereits erwähnt, Ches Vorstellung der Revolution innerhalb des gesamten lateinamerikanischen Rahmens zu sehen. Für Che hatte die Revolution immer kontinentalen Charakter. Wenn vor diesem Hintergrund über Revolution geredet wird, so muss auch dargelegt werden, was in diesem speziellen Falle mit Revolution gemeint ist. Im Kontext Lateinamerikas verweist die Revolution stets auf die bereits dargelegten Ziele und Utopien, die sich mit „patria" und „pueblo" verbinden, also eine kulturelle Identität innerhalb Lateinamerikas. Dabei ist die Befreiung aus der Unterdrückung entscheidender Faktor zum Aufbau der Identität.

„Hinter dem Handeln von Che Guevara stand die ethische latein-amerikanische Kultur, die aufrüttelt und ausrichtet auf die emanzipato-rische Aktion unserer Völker und auf die Schaffung einer `moralischen Republik in Amerika` , einer Republik, die geprägt ist von dem ideelen Antrieb einer universellen Utopie des Menschen.", sagte Armando Hart Dávalos anlässlich der Che Guevara Konferenz 1997 in Berlin, um den Kerngedanken Ches in Bezug auf Revolution wiederzugeben.[266]

Che Guevara selbst bemerkt in seinem Aufsatz „Kuba – historischer Einzelfall oder Vorposten im Kampf gegen den Imperialismus?", dass sich „noch nie [...] in Amerika ein Ereignis mit so außergewöhnlichen Merkmalen, mit derart ausgeprägten Traditionen und so weitreichenden Folgen für die Geschicke fortschrittlicher Aufbrüche unseres Kontinentes

---

[265] Sicherlich lassen sich ähnliche oder gar gleiche Sichtweisen bei anderen Persönlichkeiten, etwa Fidel Castro, finden. Hier jedoch soll explizit auf Ches Vorstellung der Revolution eingegangen werden.

[266] Hart Dávalos, Armando: Herausforderungen, 1998. S. 28.

abgespielt [hat,] wie Kubas revolutionärer Krieg."[267] Zwar sieht Che Kuba als Vorbild, an dem sich die Staaten Amerikas aufrichten können, wenn er etwa sagt: „Die Existenz Kubas bedeutet Hoffnung auf eine bessere Welt für die Völker Amerikas".[268] Dennoch will er Kuba als Teil Lateinamerikas verstanden wissen. Er sieht Kuba nicht außen. Dies drückt sich in seiner Feststellung aus: „Wir wollen, unserer Natur nach, zur lateinamerikanischen Familie gehören; wir wollen zusammen mit Lateinamerika leben."[269] Es wird daraus ersichtlich, dass der Fall „Kuba" für Che auch in jedem anderen Land Lateinamerikas hätte stattfinden können. Somit wird auch erst deutlich, wieso Che Guevara an der Seite Fidels in Kuba kämpfen konnte: weil er keinen Unterschied gemacht hat zwischen Kuba, Bolivien, Argentinien. Für ihn war die kubanische Revolution Teil Lateinamerikas. „Darum hat Ernesto Guevara unsere Geschichte [Kubas Geschichte; Anm. des Verfassers] auch als seine eigene verstanden", so Hart Dávalos.[270] Hierin erst wird die Dimension erkenntlich, in der Che seinen eigenen Kampf sah. Es ist der Kampf eines ganzen Volkes, in dem er Teil hat. Der Wunsch nach Identität mit diesem Volk drückt sich aus in seiner Einstellung, „Soldat Amerikas" zu sein.

Mit dem Verständnis für die Bedeutung der kubanischen Revolution für Lateinamerika begann zugleich auch der Anspruch auf die Beispielfunktion Kubas. Dieser allgemeine Anspruch manifestiert sich in den Deklarationen von Havanna. Besonders zeigt sich dies in der zweiten Deklaration von Havanna, aus dem Jahre 1962, an der Che auch maßgeblich mitgewirkt hat. In ihrem Wortlaut heißt es: „In vielen Ländern Lateinamerikas ist heute die Revolution unvermeidlich. [...] Auf die Beschuldigung, Cuba wolle die Revolution exportieren, antworten wir: Revolutionen werden nicht exportiert; Revolutionen sind das Werk der Völker. Was Cuba den Völkern geben kann und bereits gegeben hat, ist sein Beispiel."[271] Das Kuba jedoch mehr als nur sein Beispiel gegeben hat belegt nicht nur der Kampf Ches in Bolivien, sondern auch die Unterstützung verschiedenster Guerillabewegungen in Lateinamerika. Somit hat Kuba seine Rolle als Vorposten der

---

[267] Guevara, Ernesto Che: Kuba, 1972. S. 93.
[268] Vgl.: Cupull, Adys; González Froilán: Menge, 1997. S. 114.
[269] Ebd., S. 76.
[270] Hart Dávalos, Armando: Herausforderungen, 1998. S. 25.
[271] Deklarationen, 1970. S. 25.

lateinamerikanischen Revolution zwar abgestritten, sie aber in Form von Unterstützungen jeglicher Art untermauert.

III. Die Wirkungsgeschichte Che Guevaras in Lateinamerika

Die lateinamerikanische Wirkungsgeschichte Che Guevaras ist vielseitig. Um diese verstehen zu können und zugleich den folgenden Abschnitt zu ordnen, seien zuvor einige Anmerkungen gemacht. Wenn hier von der lateinamerikanischen Wirkungsgeschichte die Rede ist, so beinhaltet dies auch die kubanische Wirkungsgeschichte Ches. Zugleich jedoch muss zwischen der kubanischen Wirkungsgeschichte Ches und der Wirkungsgeschichte Ches im Rest Lateinamerikas stark unterschieden werden. Der Mythos Che wurde in der lateinamerikanischen Wirkungsgeschichte zumeist politisch gebraucht, etwa durch die Guerillabewegungen, welche sich auf ihn beziehen. Nirgends, außer auf Kuba, wurde er als politischer Mythos staatlich gelenkt. Dieser entscheidende Unterschied ist wichtig für den nachfolgenden Abschnitt. So wird das spezifisch kubanische als Sonderfall herausgestellt werden.

1. Che Guevara im Bewusstsein der Lateinamerikaner

Um nun die Wirkungsgeschichte des Mythos „Che" erklären zu können, muss zunächst gefragt werden, wann und wie Che Guevara in das Bewusstsein der Lateinamerikaner getreten ist.

Zweifelsohne wurde der Name Che Guevara mit dem Verlauf der kubanischen Revolution der lateinamerikanischen Bevölkerung vertraut. Hier trat er zum ersten Mal öffentlich für eine breite Masse in Erscheinung.[272] Erst von diesem Zeitpunkt an wurde mit seinem Namen auch die kubanische Revolution verbunden und mit ihr das Projekt einer Befreiung Lateinamerikas verknüpft.

Dabei ist besonders das Verhältnis der Kubaner zu Che interessant. Wie konnte es ein Argentinier schaffen, binnen so kurzer Zeit die Herzen der Kubaner zu erobern? Froilán González beantwortete diese Frage in

---

[272] Zwar trat Che Guevara zuvor schon öffentlich in Erscheinung, etwa als eine Zeitung einen Bericht über seine Reise mit Granado unter dem Titel: „Zwei Lepraexperten reisen durch Lateinamerika" druckte. Jedoch war er dabei nicht der gesamten lateinamerikanischen Bevölkerung präsent.

unserem Interview damit, dass Che durch seinen Einsatz und seiner Ernsthaftigkeit für die kubanische Revolution einzustehen, das Vertrauen der Kubaner gewonnen hatte.[273] Fortan war Che Teil des kubanischen Volkes. Er wurde sogar am 9. Februar 1959 per Dekret von Fidel Castro zum Kubaner per Geburt erklärt.

Als zweiter Mann neben Fidel Castro prägte sich Che Guevara in der Folgezeit noch tiefer in das Bewusstsein der Lateinamerikaner ein. Dabei kam ihm zugute, dass er, im Gegensatz zu Fidel Castro, vom dem Festland des Kontinentes Lateinamerika stammte, aus Argentinien. So war es für viele glaubhafter, dass Che Guevara für die gesamte Befreiung Lateinamerikas eintrat, Fidel hingegen lediglich für Kubas Befreiung. Schon hierin zeigt sich etwas Mythisches, nämlich Che als Trickster-Figur. Er war in der Lage, die Ansprüche, sowohl der Kubaner, welche ihn als Landsmann ansahen, als aber auch der restlichen Lateinamerikaner, zu befriedigen.

Che Guevara trat jedoch vor allem aufgrund seiner Persönlichkeit und seines Charismas in das Bewusstsein der Lateinamerikaner. Unzählige Berichte und Legenden zeugen von seinem Humanismus, seiner Freundlichkeit und seinem Charisma. Dabei kam ihm sicherlich zugute, dass er – zumindest nach außen – immer sehr bescheiden und selbstlos schien. Che Guevara wurde dadurch zum Held, weil er aus der Masse heraustrat, und doch stets in ihr verhaftet blieb. Die Regeln, welche für das Volk galten, galten auch für ihn. Schon früh wusste Che, dass es nichts überzeugenderes gibt, „als das eigene Beispiel, um eine Idee auszudrücken oder zu verteidigen".[274] Und so vertrat er mit seinem Beispiel auch seine Idee der Revolution. Als exemplarisches Beispiel dient die Geschichte, welche Ernesto Cardenal von José Luis, dem ehemaligen Piloten Ches, erzählt bekam. „Er erzählt, als sie nach Afrika aufbrechen wollten, habe der Che keine Socken mehr gehabt. Auf seiner Zuteilungskarte standen ihm erst in einigen Monaten wieder welche zu. Es wäre ihm nie eingefallen, um etwas zu bitten, auf das er kein Recht hatte, und so lief er ohne Socken herum. Er trug hohe Stiefel, damit es nicht auffiel. [...] Der Che nahm niemals etwas an, auf das er gemäss seiner Zuteilungskarte kein Recht

---

[273] Vgl. hierzu das Interview mit Froilán González Garcia, welches der Arbeit im Anhang beigefügt ist.
[274] Gross, Horst-Eckart: Entwürfe, 1997. S.11.

hatte. [...] Ein Revolutionär war für ihn einer, der für die anderen lebt, der nur an die anderen denkt, einer der sich für die Gemeinschaft aufopfert. Revolutionär zu sein, das hiess für ihn vor allem anderen, Opfergeist zu haben. [...] Und die Anführer müssten die opferbereitesten von allen sein."[275] Dies ist nur eines von vielen Beispielen, durch die Che Guevara in das Bewusstsein der Lateinamerikaner trat. Bekannt wurde auch die Geschichte von Che, der Frau Aleida verbot, mit seinem Dienstwagen einkaufen zu fahren, es sei schließlich der Wagen der Regierung. Zudem könne sie ebenso wie die anderen auf einen Bus warten. Dies war mitunter das Unverständliche, zugleich aber auch Anziehende an Che Guevara, dass er das, was er sich selbst an Opfergeist abverlangte, auch von anderen verlangte. Vielleicht hatte er hier ein verzerrtes Bild von der Wirklichkeit. „Er war allen weit überlegen, aber er fühlte sich nicht überlegen. Er dachte alle wären so wie er, und es irritierte ihn, wenn er sah, dass die anderen nicht so waren. Er wollte keine guten Eigenschaften haben, die die anderen nicht hätten."[276] Gleichwie trug diese Einstellung dazu bei, dass er bereits seit seines Lebens bewundert wurde. Es zeigt, wie er selbst seinen Mythos mit aufbaute.

Während bereits weiter oben auf diese Mythisierung Ches zu seinen Lebzeiten – vor allem auch durch ihn selbst – eingegangen worden ist, so beginnt der eigentliche Prozess der Mythisierung Ches im Jahre 1965. Es war das Jahr, indem Che Kuba verlies, um zunächst im Kongo zu kämpfen, später, nach kurzem Aufenthalt auf Kuba, seinen letzten Kampfplatz in Bolivien aufzusuchen. Da zunächst niemand – außer der kubanischen Regierung – wusste, wo Che sich aufhielt, kam es von diesem Zeitpunkt an zu einem Rätselraten über seinen Verbleib. In der Presse Lateinamerikas geisterte Che als Gespenst umher.

---

[275] Cardenal, Ernesto: Tagebuch, 1980. S. 61-63.
[276] Ebd., S. 63.

2. Das Gespenst „Che"

Das Verschwinden Che Guevaras aus dem öffentlichen Leben Kubas sorgte in ganz Lateinamerika, und ebenso auf der ganzen Welt, für Aufsehen. Mit einem Mal war Che Guevara, der sonst zu allen Gelegenheiten noch öffentlich präsent war (zur Vollversammlung der UN, bei zahlreichen Auslandsbesuchen als Gesandter Kubas, bei Reden und anderen Anlässen), nicht mehr präsent.

In Kuba versuchte die Regierung mittels „minimaler Tarnung" zu erklären, Che sei beim Zuckerrohrschneiden. Diese Version konnte sich jedoch nur knapp einen Monat aufrechterhalten.[277]

Vielmehr wurden Gerüchte durch die Medien verbreitet, dass Che in verschiedenen Ländern gesichtet worden sei. So wurde Che angeblich „Mitte ′65 in Kolumbien, Peru, Chile, Argentinien, Brasilien, Uruguay und sogar in einer psychiatrischen Klinik in Mexiko-Stadt" gesehen. „Sechs Artikel diverser Zeitungen [...] meldeten seinen gewaltsamen Tod. Die vielleicht überraschendste Meldung war die, dass er tot und im Keller einer Fabrik von Las Vegas, der Welthauptstadt des Glücksspiels, begraben sei."[278]

Im Zusammenhang mit den Unklarheiten über Ches Verbleib, tauchte im Juni des Jahres 1965 ein Memorandum auf, das sogenannte „R-Memorandum". Über den Inhalt dieses Memorandums schreibt Martin Ebon: „It suggests that he underwent a severe psychological and physical crisis; that, although he recovered fom the crisis, its impact influenced his later ill-considered actions; and that he was regarded as emotionally unstable, at least among some of his political antagonists."[279] Der Grund für seine psychische Krise sei nach diesem Bericht in seinen vielen Auslandsreisen zu suchen. Darüber hinaus habe sich Che falsch ernährt und die Behandlung seines Asthmas mit Kortison habe ihm geschadet. Im genauen Wortlaut heißt es: "Guevara′s breakdown has been both physical and mental. It is the climax of many things, including the strain and excitement of his world tour. To begin with, the attention and adulation he has received all over the world, beginning with the United Nations, have

---

[277] Taibo II, Paco Ignacio: Che, 1997. S. 450.
[278] Ebd., S. 450.
[279] Ebon, Martin: Legend, 1969. S. 57.

been enough to give him exaggerated ideas of his own importance. [...]
Together with the physical exhaustion, which has affected him like an
intoxication, Guevara has also shown psychological reactions that finally
prompted Fidel to take drastic action. The many different foods have
caused G´s allergies to flare up, and his asthma has been almost un-
manageable. Cortisone treatment has not only caused Guevara to gain a
good deal of weight, but it has also had apparent side effects that are not
merely physical."[280]
Auch wurde davon gesprochen, dass Che die Stimme des verstorbenen
Camilo Cienfuegos, seines Kampfgefährten aus der Sierra Maestra, zu sich
sprechen hörte, der ihn dazu aufforderte, die Revolution in andere Teile der
Welt zu tragen.[281] Nach diesem Memorandum befand sich Che Guevara zu
diesem Zeitpunkt in einer geschlossenen Abteilung einer psychiatrischen
Klinik.

Maßgeblichen Anteil an diesem Rätselraten hatte jedoch auch die
kubanische Regierung, allen voran Fidel Castro. Da er keinerlei Hinweise
über Ches Verbleib bekannt gab, trug Fidel Castro mit dazu bei, die
Gerüchte am Leben zu erhalten. Auf die Frage, wann das Volk etwas über
Che erfahren würde, antwortete er lediglich „Wenn Kommandant Guevara
das will".[282]

So wurde Che im selben Jahr angeblich auch bei den Volksaufständen in
der Dominikanischen Republik gesichtet, und sei dort sogar bei
Straßenkämpfen ums Leben gekommen. Skurril mutet dagegen die
Meldung seiner Ankunft auf der Dominikanischen Republik an. So
berichtete ein US-Radiosender, dass „ein kubanisches Mini-U-Boot mit
zwei Mann Besatzung auf der Insel gelandet sei, und den Gerüchten nach
sei einer von ihnen Che".[283] Andere Gerüchte besagten, dass es zu einem
Streit zwischen Fidel Castro und Che Guevara gekommen sei, woraufhin
Fidel Che erschossen habe.

---

[280] Ebon, Martin: Legend, 1969. S. 58.
[281] Taibo II, Paco Ignacio: Che, 1997. S. 450.
[282] Ebd., S. 451.
[283] Ebd., S. 472.

Um all diesen Gerüchten zu widersprechen verliest Fidel Castro am 3. Oktober 1965 einen vermeintlichen Abschiedsbrief Che Guevaras, „la carta de despedida del Che".[284]

„Nach Castros eigener Aussage wurde ihm das Schriftstück bereits am 1. April übergeben, doch erklärte er: ′Ein Datum ist nicht genannt worden, weil dieser Brief in dem Augenblick bekanntgemacht werden sollte, den wir für angemessen hielten.′"[285] Zwar konnte der Brief glaubhaft machen, dass Che am Leben war und dass er an einem revolutionären Kampf teilnahm, lediglich wo er sich befand blieb weiterhin unklar.

Warum sind all diese Gerüchte, welcher Art auch immer, so wichtig für den Mythos „Che"? – Die Antwort ist einfach. All diese Gerüchte über Che zeigen zunächst einmal ein öffentliches Interesse an seiner Person. Sie belegen, dass Che zu diesem Zeitpunkt, also noch zu Lebzeiten, bereits ein Mythos war. In ihm manifestierte sich zugleich der tragische Held, der geisteskrank in einer geschlossenen Anstalt lag oder von seinem Kampfgefährten Fidel Castro erschossen wurde. Aber auch der Held, der als Hoffnungsträger und Sinnbild der Revolution den Kampf um die Befreiung Lateinamerikas aufgenommen hatte. Dies belegen die zahlreichen Länder, in denen Che angeblich gesehen wurde, zumeist kämpfend, oder im Begriff eine Guerillaeinheit aufzubauen. Die Sehnsüchte der lateinamerikanischen Bevölkerung – vor allem im Hinblick auf Befreiung[286] - spiegelten sich zu diesem Zeitpunkt in der Person Che Guevaras wieder.

Die Hoffnung auf ein unerwartetes Auftauchen aus dem „Nichts", um Lateinamerika in eine glorreiche Zeit zu führen, nährten den Mythos „Che". Er wurde als „neuer" Bolívar gefeiert. Bereits 1966 schrieb Eduardo Galeano unter den Eindrücken des „Rätselratens" um Che: „it may [...] be that one of these days the newspapers will dedicate their columns to the resurrection of this man [Che Guevara; Anm. des Verfassers] who may be the Bolivar of our time".[287]

---

[284] Aufgrund der hohen Relevanz dieses Briefes, der in Kuba wie eine Reliquie verehrt wird, wird im Folgenden noch näher darauf eingegangen werden.

[285] May, Elmar: Che Guevara, 2001. S. 81.

[286] Und hier schließt sich der Kreis zu Simon Bolívar und Martí, etc., welche als Helden verehrt werden, wie dies bereits im ersten Hauptteil dargelegt wurde.

[287] Galeano, Eduardo: Bolivar, 1986. S. 36.

3. Der Tod Che Guevaras

Die endgültige Mythisierung Ches erfolgte jedoch sicherlich erst durch seinen Tod. Erst der Tod lies den Menschen Ernesto „Che" Guevara sterben, und den Mythos „Che" aufleben. Sein Tod hätte zu keinem günstigeren Zeitpunkt eintreten können. All die Elemente, welche im ersten Hauptteil zum Heldentod herausgearbeitet wurden, treffen geradezu in klassischer Weise für den Tod Che Guevaras zu. Che war gerade einmal 39 Jahre alt als er in Bolivien den Tod fand. Sein Tod war ein Tod aus einer Kampfhandlung heraus, und bis heute ist das Motiv eines möglichen Verrates an Che durch Fidel Castro[288] nicht endgültig geklärt. War Che bereits zuvor ein Held und Mythos, so wie es im vorangegangenen Abschnitt dargelegt wurde, so „legitimierte" der Tod sein Heldendasein.

Die Varianten des genauen Verlaufes seines Todes sind zahlreich. All diese möglichen Varianten vorzustellen ist in der Kürze der vorliegenden Arbeit nicht möglich. Dennoch legen diese Varianten in ihrer Gesamtheit Zeugnis davon ab, wie wichtig der Tod Che Guevaras für dessen Mythos war und ist. Zugleich zeigt sich in diesen Varianten deutlich der Dualismus „Freund/Feind", der an diesem Tod beispielhaft gebraucht wurde, etwa um der CIA die Schuld am Tode Ches zu geben – so von kubanischer Seite – oder auch um Fidel Castro die Schuld am Tode Ches zu geben – so von Seiten der Gegner Castros. Wie jedoch ereignete sich der Tod Ches?

a) Der Verlauf des Todes Ches

Che Guevara starb am 9. Oktober 1967 in Bolivien, nachdem seine Guerillaexpedition im gleichen Land gescheitert war.[289] Wenn es zuvor noch Unstrittigkeiten über die letzten Momente Ches gab, so gilt mittlerweile der folgende Ablauf als gesichert. Nichtsdestotrotz wird diese

---

[288] Auch hierzu im weiteren Verlauf mehr.
[289] Im Rahmen der vorliegenden Arbeit ist es nicht möglich, näher auf die Guerillaexpedition Che Guevaras in Bolivien einzugehen. Somit beschränkt sich die Darstellung auf die letzten Momente Ches. Für genauere Angaben zur Expedition sei auf die einschlägige Literatur verwiesen, sowie vor allem auf das Tagebuch Ches aus Bolivien.

Geschichte oftmals variiert erzählt, es werden Kleinigkeiten hinzugefügt oder weggelassen, je nach Sichtweise des Erzählers.[290] Die Darstellung geht von einer Gefangennahme Ches am 8. Oktober 1967 aus.[291] Angeblich wurde Che mit seinen Leuten von bolivianischen Bauern verraten. Zuvor hatte die bolivianische Regierung eine Prämie von $ 50.000,- ausgesetzt, für denjenigen, der ihn verraten würde.[292] Einem bolivianischen Ranger-bataillon, das zuvor von Green Berets aus den USA trainiert wurde,[293] gelang schließlich die Gefangennahme Ches. Dieser soll, nachdem er verwundet wurde, seinen Gegnern entgegen gerufen haben: *„Schießt nicht! Ich bin Che Guevara und für euch lebend mehr wert als tot!".*[294]

Er wurde daraufhin nach La Higuera, einem kleinen Ort in der Umgebung, gebracht, wo er gefesselt im Schulhaus gefangen geworden hielt. In den darauffolgenden achtzehn Stunden in La Higuera kam es zu mehreren Gesprächen. Diese sind für seinen Mythos insofern relevant, da sie verdichtet nochmals seine Einstellung aufzeigen, und, ob authentisch oder nicht, als Legenden weiterleben. Eines dieser Gespräche führte Che mit einer Lehrerin, Julia Cortez. Dabei fragte ihn die Lehrerin, wieso er, so gutaussehend, als Vater mehrerer Kinder, sich dem revolutionären Kampf verschrieben habe, und hinter „dem Elend anderer Leute her" sei. Ches Antwort war lediglich eine Gegenfrage. „Sie sei hübsch, antwortete Ché, sie sei jung, sie sei klug, warum unterrichte sie in einem winzigen, muffigen Schulraum am Ende der Welt?"[295]

---

[290] Eine sehr detaillierte und anschauliche Darstellung findet sich in dem Buch „The defeat of Che Guevara" von Gary Prado Salmón, der als Captain (vergleichbar mit dem Rang eines Hauptmannes) im Kampf gegen Che Guevara in Bolivien eingesetzt war. Doch so detailliert die Darstellung auch sein mag, sie bleibt subjektiv, und damit nicht verifiziert.

[291] Nur wenige Quellen beschrieben seinen Tod im Gefecht, vor allem waren dies die bolivianischen Streitkräfte, die so eine Ermordung Ches vertuschen wollten. Vgl. dazu Butterfield, Henry Ryan: The Fall of Che Guevara. A story of soldiers, spies and diplomats. Oxford, 1998. S. 133.

[292] Einige Quellen sprechen von einer alten Bauersfrau, welche die Guerilleros verraten haben soll, wieder andere von einem „campesino" (=Bauer). Dieser habe jedoch die ausgelobte Prämie nie erhalten.

[293] Die Einmischung der USA in diese Angelegenheit sorgte zur Verstärkung des Mythos Che. Wie gefürchtet musste er sein, wenn selbst die CIA persönlich nach ihm jagt?, so die damalige Meinung. Zugleich wurde die Einmischung der USA wieder als kontinentaler Machtanspruch angesehen.

[294] May, Elmar: Che Guevara, 2001. S. 102.

[295] Schnibben, Cordt: Schatz, 1996. S. 126-150.

Ein anderes Gespräch führte er angeblich mit Oberst Selich von der bolivianischen Armee. In diesem Gespräch fragte Selich Che Guevara ob er Kubaner oder Argentinier sei. „Ich bin Kubaner, Argentinier, Bolivianer, Peruaner, Ecuadorianer usw... Sie wissen schon", soll Che geantwortet haben.[296]

Wenngleich der Wahrheitsgehalt beider Aussagen nicht bestätigt ist, so geben sie Zeugnis von einem Che Guevara, der sich als Lateinamerikaner fühlte, und um die Befreiung dieses Kontinentes kämpfte. Dass er so auch von seinen Verehrern in Lateinamerika gesehen wurde, zeigen diese Zitate zudem.

Gegen Mittag des 9. Oktober wurde Che dann erschossen. Die Angaben über die Identität des Schützen sind ebenfalls widersprüchlich. Doch soll es nach den meisten Aussagen ein gewisser Unteroffizier Terán gewesen sein, der als Vollstrecker des Todesurteils auserkoren wurde. Als Che ihn in den Raum kommen sieht, soll er gesagt haben: „Schieß doch, du Feigling, du wirst einen Menschen töten."[297]

Nach weiteren Aussagen wurde Terán befohlen, nicht auf das Gesicht zu zielen, da es nach einem Tod in einer Kampfhandlung aussehen sollte. Nach der Ermordung Ches wird der Leichnam nach Vallegrande geflogen, wo er in einem Waschhaus nochmals aufgebahrt wird. Der Entschluss Ches Leiche zu verbrennen wird nicht umgesetzt, da das Verbrennen von Toten in Bolivien verboten ist. Stattdessen wurden ihm beide Hände – zum Beweis seiner Identität – abgetrennt. Danach wurde er unter der Flugbahn in Vallegrande verscharrt.

---

[296] Anderson, John Lee: Che, 2001. S. 659.
[297] Taibo II, Paco Ignacio: Che, 1997. S. 589.

b) War der Tote wirklich Che?

Was inzwischen wohl zweifelsfrei bestätigt sein dürfte, gab in den ersten Wochen nach Ches Tod Anlass zur Spekulation: war der Tote aus Vallegrande wirklich Che Guevara?[298] Nachdem erst kurz zuvor die Spekulationen um Ches Aufenthaltsort beendet wurden, indem bekannt wurde, dass Che sich in Bolivien befindet, und nachdem die Guerilla in Bolivien anfänglich Erfolge verzeichnen konnte, wollte niemand glauben, dass Che Guevara in Bolivien zu Tode gekommen sei.

Zwar kann Ches Identität nach wie vor nicht hundertprozentig geklärt werden, dennoch wurden die Zweifel an seiner Identität zum einen durch die Abnahme seiner Fingerabdrücke,[299] zum anderen durch die Bestätigung, zuerst seiner Familie, später dann der kubanischen Regierung, beseitigt. Nichtsdestotrotz halten sich auch heute noch unter Anhängern Ches die Zweifel an seinem wirklichen Tod.[300]

So veröffentlichte Gabriel Jaime Ruiz 1970 in Lima das Buch „El Che no murio en Bolivia",[301] welches eine damals weit verbreitete Meinung vertrat. Anhand einiger Umstände versucht Ruiz darzulegen, dass der Tote aus Bolivien unmöglich Che Guevara sein könne. Dabei geht er davon aus, dass Che bereits 1965 in Cuba umgekommen sei,[302] und die ganze Kampagne in Bolivien eine Irreführung darstellte. So sei das Tagebuch Ches aus Bolivien inauthentisch, und auch der Leichnam aus Vallegrande zeige Unterschiede auf. Die Leiche aus Vallegrande sei lediglich die eines Doppelgängers gewesen, dessen Fingerabdrücke auch nicht vollständig abgenommen wurden. Die wesentlichen Argumente auf die sich Ruiz

---

[298] Che Guevara operierte immer mit Decknamen. In Bolivien trug er den Decknamen Ramon.

[299] Dies wurde in Kooperation mit den argentinischen Behörden durchgeführt, welche noch die Fingerabdrücke Ches in ihren Akten hatten. Vgl. dazu vor allem: Prado Salmón, Gary: The defeat of Che Guevara. Military Response to Guerilla challenge in Bolivia. New York, 1990. S. 197-198.

[300] Dabei ist zu trennen zwischen dem Glauben, Che sei nicht in Bolivien gestorben, und dem Wunsch, Che komme wieder zurück, um den Kampf neu aufzunehmen. Letzteres geht jedoch mit seiner Heiligenverehrung einher, auf die im weiteren noch näher eingegangen wird.

[301] Übersetzt: „Der Che starb nicht in Bolivien".

[302] Hier schließt sich wieder der Kreis zu den Gerüchten um das Gespenst „Che".

stützt, finden sich in der Kurzbiographie zu Che Guevara von Elmar May.[303]

Ruiz verband mit seiner Argumentation zugleich die Hoffnung, dass Che nicht tot sei, sondern bereits in einem Kampf gegen den Imperialismus involviert sei. So schreibt er zum Schluss seines Buches: "El Comandante Ramón sí está muerto. Para el Che seguimos abrigando la esperanza de que reaparezca vivo cuando desaparezca la efervescencia guerrillera levantada en América Latina por las falsas premisas China, Indochina, Vietnamita, Colombiana, Cubana y Argelina."[304]

Mit der eigentlichen Todesursache Ches – wie sie Ruiz sieht – ist auch das Problem des Verrates an Che geknüpft. Ruiz argumentiert, dass Che bereits 1965 auf Cuba starb, erschossen von Fidel Castro selbst. Diese Behauptung stützt sich auf ein angebliches Telegramm eines Dr. Rosendo Canto, Exilkubaner in Madrid. „'El guerrillero que ha sido enterrado no es el Che Guevara', declaró esta noche en Madrid el doctor Rosendo Canto, escritor cubano exilado en Madrid, que fué uno de los colaboradores de confianza del General Batista. [...] Guevara fué asesinado en Cuba por Castro, terminó diciendo el doctor Rosendo Canto.", so Ruiz.[305]

---

[303] Hier jedoch erwähnt May ein Buch namens „Guevara starb in Kuba", publiziert von einem José María Cabral. Dieses Buch sollte angeblich schon 1969 in Sao Paulo publiziert worden sein. Eine eingehende Recherche konnte dieses Buch jedoch nicht ausfindig machen, so dass der Verfasser dieser Arbeit davon ausgeht, dass hiermit das Buch von Ruiz gemeint ist, der sich in seinem Buch auf ebendiese Argumente stützt, wie sie bei May zu finden sind, unter May, Elmar: Che Guevara, 2001. S. 111.

[304] Ruiz, Gabriel Jaime: Bolivia, 1970. S. 219. Übersetzt: „Gewiss ist der Comandante Ramón tot. Was Che betrifft, werden wir fortfahren die Hoffnung aufrechtzuerhalten, dass er lebendig zurückkehrt, wenn das Brausen der Guerrilla, welches unter falschen Vorraussetzungen in China, Indochina, Vietnam, Kolumbien, Cuba und Argentinien in Lateinamerika begonnen hatte, zum Ende gelangt."

[305] Ebd., S. 157. Übersetzt: „'Der Guerrillero der begraben wurde ist nicht Che Guevara', erklärte diese Nacht in Madrid Dr. Rosendo Canto, ein im Exil in Madrid lebender kubanischer Schriftsteller, welcher einer der Kollaborateure der Verschwörung General Batistas war. [...] Che wurde in Cuba von Castro erschossen endete Dr. Rosendo Canto seine Aussage."

c) Verrat durch Fidel?

Die Version, Fidel habe Che verraten, hält sich bis heute noch hartnäckig unter vielen Anhängern Ches. Dabei sind es oftmals Exilkubaner die sich auf diese These stützen, enttäuscht von der Entwicklung der Revolution unter Fidel Castro. Neben der Auslegung, Che sei von Fidel in Cuba erschossen worden,[306] wurde auch oft behauptet, Che wurde von Fidel in Bolivien verraten. Die Motive waren dabei unterschiedlicher Natur. Während einige Quellen der Meinung sind Fidel habe Che auf Druck der Sowjetunion verraten, glauben andere, Fidel habe Che aus persönlichem Machtkalkül heraus umgebracht, wie er dies schon zuvor mit anderen Weggefährten der Revolution tat.[307]

Es bleibt die Frage offen, wieso Fidel Che hätte verraten sollen. „Vielleicht deswegen, wie Juanita Castro[308] behauptet, weil ihm der Mythos Che dienlicher ist als der lebende Che?".[309]

Es steht außer Zweifel, dass der Tod Che Guevaras Fidel Castro gelegen kam, wie noch anhand der Instrumentalisierung dieses Mythos durch Fidel Castro zu zeigen sein wird. Daraus jedoch den Rückschluss zu ziehen, Fidel habe Che bewusst verraten, was einer Ermordung gleichkäme, ist sicherlich verkehrt. Dennoch, so Daniel James, sei Fidel Castro vorzuwerfen, „nicht, dass er seinen Genossen verriet, sondern dass er ihn *im Stich lies*".[310]

Eine pikante Offenbarung des ehemaligen bolivianischen Offiziers Nino de Guzman sorgte 1998 jedoch wieder für Gesprächsstoff und ließ die Theorie des Verrates an Che erneut aufleben. Gegenüber der Associated Press

---

[306] Diese Version wird heute noch gerne auf Kuba erzählt, natürlich nur unter vorgehaltener Hand, und nachdem man der betreffenden Person mindestens einen „Mojito" ausgegeben hat. (So geschehen auf Kuba im März 2002, als der Verfasser dieser Arbeit auf diese Weise Zugang zu einem „Staatsgeheimnis" Kubas erlangte.)

[307] Vgl. hierzu das Buch „Che Guevara. Mythos und Wahrheit eines Revolutionärs" von Daniel James. Auf Seite 458 dieses Buches wird diese Sicht dargelegt. Unter anderem wird dabei der bis heute mysteriöse Flugzeugunfall von Camilo Cienfuegos erwähnt, welcher der dritte Mann der kubanischen Revolution neben Fidel und Che war. Auch dessen Tod wurde immer wieder mit Fidel in Verbindung gebracht.

[308] Juanita Castro ist die Schwester Fidels.

[309] James, Daniel: Mythos, 1997. S. 459.

[310] Ebd., S. 460.

erklärte er am 30. April 1998: "'Fidel betrayed me', [...] Guevara repeated several times. Guevara did not elaborate on the statement".[311] Als offizieller Verräter Ches musste Ciro Bustos, einer seiner Kampfgefährten, herhalten. Er war es, der nach seiner Gefangennahme durch die bolivianische Armee Skizzen der Guerrilleros anfertigte.[312] Doch auch hier sind die erzählten Tatsachen widersprüchlich. Ein in Schweden im Jahre 2000 produzierter Kurzfilm, belegt, dass Bustos nicht der Verräter war, vielmehr sei Che einem Komplott erlegen, dessen Hauptbeteiligter neben Fidel Castro, Régis Debray war, der mit Bustos gefangen wurde.[313] Wie der Name des Filmes „Sacrificio" bereits verrät, wird Che als Opfer dargestellt, welches durch Fidel Castro dargebracht wurde. Er nimmt damit das Motiv des Verrates an Che durch Fidel Castro auf, und zugleich verweist er auf die Rolle des Opfers. Die Rolle des Opfers und ihre Rolle für den politischen Mythos wurde bereits im ersten Hauptteil dargelegt. Somit erscheint eine Geschichte, welche Fidel Castro als Verräter Ches darstellt, durchaus plausibel. Beweisen lässt sie sich jedoch nicht. Nochmals sei daraufhin gewiesen, dass für die vorliegende Arbeit nicht die wahrheitsgetreuen Tatsachen entscheidend sind, als vielmehr die verschiedenen Lesarten des Mythos „Che".

4. Der Sonderfall Cuba: Instrumentalisierung des Mythos „Che"

Wie bereits angesprochen, muss Kuba innerhalb Lateinamerikas als Sonderfall angesehen werden. Weshalb, soll im folgenden Abschnitt geklärt werden. Dennoch muss daraufhin gewiesen werden, dass sich die Sonderrolle Kubas in Bezug auf Che zwar auf den Umgang mit seinem Mythos bezieht, Kuba jedoch ansonsten miteingebunden ist in die Rezeption innerhalb Lateinamerikas. So muss auch betont werden, dass die Ereignisse auf Kuba, wie etwa das Verlesen des Abschiedsbriefes Ches, auf

---

[311] Associated Press: Castro 1998.
[312] Nach eigener Aussage von Bustos, waren die Skizzen ein Täuschungsmanöver. Er malte nur jene Guerilleros, von denen er sicher war, dass sie bereits von der Armee gesehen wurden. Andere Guerilleros erfand er frei. Diese Aussage machte Bustos im Film „Sacrificio".
[313] Informationen zu dem Film finden sich unter: www.sacrificio.nu, 09.07.2002.

dem Subkontinent als kontinentales Ereignis betrachtet wurde. Zwischen Kuba und dem Subkontinent fand also immer ein Wechselspiel statt, was die Ereignisse der Mythisierung Ches betrifft. Dennoch ist es wichtig, den Prozess auf Kuba losgelöst zu betrachten.

Che Guevara wurde zeit seiner Aktivitäten in der Guerilla auf Kuba zum Helden stilisiert. Er galt noch zu Lebzeiten als Vorbild, etwa bei der freiwilligen Zuckerrohrernte. Dennoch kann man bis zu seinem Verschwinden aus Kuba nicht von einer bewussten Politisierung seines Mythos reden. Vielmehr wurden alle „Helden" der Sierra Maestra in Kuba in das Licht eines Vorbildes gestellt. Dies traf auf Che wie auf jeden anderen Kämpfer zu. Bewusst politisiert wurde sein Mythos jedoch zum ersten Mal mit dem Verlesen seines Abschiedsbriefes durch Fidel Castro.

a) La carta de despedida del Che

Fidel Castro verlas den vermeintlichen Abschiedsbrief Che Geuvaras am 3. Oktober 1965. Zu diesem Zeitpunkt war Che noch im Kongo, und hatte noch zwei Jahre seines Lebens vor sich. Dennoch kann man den Beginn der Politisierung seines Mythos durch das Verlesen dieses Briefes markieren, war damit doch für die Bevölkerung Kubas (natürlich auch außerhalb Kubas) offensichtlich, dass Che seinen Abschied verkündet hatte. Zuvor trat er bereits von allen Ämtern die er in Kuba innehatte zurück, auch von seiner ihm zuerkannten Staatsangehörigkeit per Geburt.[314]

In seinem Abschiedsbrief enthob Che die kubanische Regierung von jeder Verantwortung für seine zukünftigen Handlungen. Jon Lee Anderson will diesen Brief sogar als Testament lesen.[315] Im Wortlaut schreibt Che: „Ich fühle, dass ich den Teil meiner Pflicht erfüllt habe, der mich an die kubanische Revolution und ihr Land band. [...] Ich verzichte formell auf meine Positionen in der Parteiführung, auf meine Stelle als Minister, auf

---

[314] Das Bekanntwerden dieses Sachverhaltes sorgte vielfach für die Überzeugung, Fidel habe sich mit Che verstritten und ihre gemeinsamen Wege hätten sich getrennt. Damit war der Keim für spätere Verratstheorien Fidels an Che gelegt. So wurde zum Beispiel auch darüber spekuliert, weshalb Fidel Che den Tod seiner Mutter vorenthalten habe. Siehe hierzu auch: May, Elmar: Che Guevara, 2001. S. 78-81.

[315] Anderson, Jon Lee: Che, 2001. S. 553.

meinen Rang als Kommandant und auf meine kubanische Staatsbürger-
schaft. Kein Gesetz bindet mich mehr an Kuba. [...] Ich sage noch einmal
ausdrücklich, dass ich Kuba von jeder Verantwortung freispreche außer
von der, die sich aus meinem Beispiel ergibt."[316]
Es folgt ein „Lobgesang" auf Fidel Castro, in dem er unter anderem in
Bezug auf die Revolution in Kuba schreibt: „Selten ist ein Staatsmann
größer gewesen als Du in jener Zeit."[317] Weiter erwähnt er, dass „andere
Völker nach seinen bescheidenen Bemühungen" verlangen, und er daher
seinen Abschied von Kuba geben muss. Zum Schluß endet er mit dem
rituellen Gruß, der für ihn stets Leitbild war: „Venceremos! Patria o
muerte!"[318]
Die Echtheit des Briefes von Che wurde von vielen Seiten bezweifelt.
Zweifelsohne rechtfertigt er Ches Handeln, und spricht zugleich Kuba (und
damit auch die Regierung) von etwaigen Konsequenzen frei, die sich aus
seinen Aktivitäten ergeben könnten. Zugleich ist der Brief ein „Lobgesang"
auf Fidel Castro. Diese Tatsachen mögen dazu beitragen, die Echtheit des
Briefes anzuzweifeln. So waren es vor allem Bekannte Ches, wie etwa der
Journalist Segundo Cazalis, die der Meinung waren, Che hätte nie einen
Satz schreiben können wie: „Mein einziger Fehler war, dass ich Dir
[gemeint ist hier Fidel Castro; Anm. des Verfassers] von den ersten
Momenten in der Sierra Maestra an nicht noch mehr vertraut und dass ich
Deine Qualitäten als Führer und Revolutionär nicht schnell genug
verstanden habe."[319]
Es kommt ein weiteres pikantes Detail hinzu: den Abschiedsbrief Ches hat
niemals jemand im Original gesehen.[320] Es existiert lediglich eine von
Maschine geschriebene Fassung des Briefes. Fidel selbst ist 1965 mit den
Schreibmaschinenseiten auf das Rednerpodest gestiegen.[321]
Nichtsdestotrotz hat dieser Brief Ches auf Kuba den Status einer Reliquie.
Kaum ein Kubaner, der nicht eine eigene Fassung des Briefes als Kopie zu

---

[316] Guevara, Ernesto Che: Abschiedsbrief, 1970. S. 49.

[317] Ebd., S. 49.

[318] Übersetzt: „Wir werden siegen! Vaterland oder Tod!".

[319] May, Elmar: Che Guevara, 2001. S. 86.

[320] Ebd., S. 81.

[321] Zwar ist ein maschinengeschriebener Brief nicht unbedingt Grund an der Echtheit zu
zweifeln, doch hat Che seine Briefe stets per Hand geschrieben. Dazu ist es ein leichtes,
einen selbst fabrizierten Brief auf der Schreibmaschine als den Brief einer anderen
Person auszugeben.

Hause verwahrt. Auch als Souvenir erfreut sich dieser Brief ausgesprochener Beliebtheit. In ihm drückt sich die Verbundenheit Ches mit Kuba, sowie die Liebe des kubanischen Volkes gegenüber „ihrem Che" aus. So war der Brief auch eine willkommene Gelegenheit, den Mythos „Che" zu politisieren.

b) Fidels Trauerrede für Che

In den Tagen nach dem Tode Ches hielt Fidel Castro zwei Trauerreden auf Che. Eine Rede wurde über Rundfunk ausgestrahlt, die andere hielt Fidel vor über 300.000 Menschen auf dem Platz der Revolution in Havanna. Beide Reden stilisieren Che zu einem Helden und haben somit maßgeblich seinen Mythos beeinflusst. Der Umstand, dass sie von Fidel gehalten wurden, führt die Politisierung des Mythos „Ches" weiter.

Fidel beschreibt Che als den „außergewöhnlichsten Helden" der Revolution, geprägt von „Altruismus, Uneigennützigkeit, Bereitschaft, immer das allerschwierigste zu vollbringen, ständig bereit, sein Leben zu riskieren."[322] Er beschwört die Unsterblichkeit der Ideen Ches, die auch durch dessen Tod nicht an Bedeutung verlieren würden. So sagt er: „Aber die jetzt Sieg rufen, täuschen sich. Es täuschen sich diejenigen, die glauben, dass sein Tod die Niederlage seiner Ideen, die Niederlage seiner Taktiken, die Niederlage seiner Guerilla-Konzeptionen, die Niederlage seiner Thesen bedeutet."[323]

Exemplarisch wird nochmals Ches Vorbildfunktion dargestellt, für den es „keinen Tag der Ruhe" gab. „Und wenn wir zu den Fenstern seiner Büros hinaufsahen, brannten die Lampen bis tief in die Nacht, und er studierte, oder besser, arbeitete und studierte."[324]

All diese Attribute, mit denen Che von Fidel ausgeschmückt wurde, mögen in irgendeiner Weise auf Che zugetroffen haben. Jedoch wird die Rede Fidels erst dadurch politisch, als sich mit ihr natürlich ein bestimmter Anspruch verbindet. So ist das Kernelement der These zweifelsfrei die

---

[322] Castro, Fidel: Che Guevara, 1967. S. 4-20.
[323] Castro, Fidel: Che Guevara, 1967. S. 11.
[324] Ebd., S. 15.

Aussage: „Wenn wir ausdrücken wollen, wie wir uns die Menschen der kommenden Generation wünschen, sollen wir sagen: sie sollen wie Che sein!"[325]

Aus diesem Anspruch heraus hat sich der erste Ritus des politischen Mythos „Che" entwickelt. So ist bis heute die Parole der Organisation Junger Pioniere auf Kuba folgende: „Pioniere für den Kommunismus – Wir werden sein wie Che!"[326]

c) Ches Omnipräsenz auf Kuba

Um diese Forderung auch zu untermauern, ist der Mythos „Che", wie andere politische Mythen, stets präsent. In den Strassen Kubas hängen seine Plakate, die die Menschen dazu anhalten, seinem Vorbild nachzueifern.[327] Insbesondere im Monat Oktober, dem Monat seines Todes, ist seine Omnipräsenz unübersehbar. „At this time Che looks down (and up) from a multitude of highway billboards (*vallas*) and street posters."[328]

Fidel Castro erklärte den 8. Oktober (den Tag von dem er annahm, es sei der Todestag Ches gewesen) zum „Día del Guerrillero Heroico".[329]

Ein überdimensionales Bildnis Ches aus Metall, befestigt an einem Gebäude, schaut auf den Platz der Revolution in Havanna hernieder.[330] Nachts ist es illuminiert, es trägt die Inschrift „Hasta la victoria siempre!"[331]

Darüber hinaus ist Che der kubanischen Bevölkerung vor allem auch in Form ihrer Währung präsent. Die drei Peso Münze trägt sein Konterfei mit der Inschrift „Patria o muerte". Neben der Münze trägt der drei Peso Schein das Konterfei Ches. Auf der Vorderseite ist das Bild des „guerrillero heroico" abgebildet. Die Rückseite zeigt Che bei der Zuckerrohrernte, also

---

[325] Ebd., S. 18.
[326] Escobar, Reynaldo: Jahr, 1997. S. 17.
[327] Zur Geschichte der „Che"-Plakate auf Kuba vergleiche besonders: Kunzle, David: Icon, 1997. S. 22-24. Dort finden sich auch viele Beispiele der Poster.
[328] Kunzle, David: Icon, 1997. S. 23.
[329] May, Elmar: Che Guevara, 2001. S. 116.
[330] Siehe Anhang, S. 155.
[331] Übersetzt: „Bis zum endgültigen Sieg!"

einem freiwilligen Arbeitseinsatz, den Che immer für den „hombre nuevo" hervorhob.[332] Die Zuckerrohrernte wurde – nicht zuletzt durch den drei Peso Schein – ebenfalls politisiert. Bereits zu Lebzeiten war es Che, der daraus ein Politikum machte. In seinem Nachruhm gilt er nun als der exemplarische Held der freiwilligen Arbeit, dem zu folgen es gilt. Weiterhin sei noch eine skurrile Geschichte erwähnt. So ist Che tatsächlich omnipräsent, sogar im All. Wie die Amerikaner ihre Flagge mit in den Weltraum nehmen, so nahm ein kubanischer Kosmonaut eine kleine Bronzestatue Ches mit in den Weltraum.[333]

Dreißig Jahre nach seinem Tod, nachdem man in Vallegrande die Gebeine Ches ausgegraben hatte, wurden diese nach Kuba überführt. In einem extra geschaffenen Mausoleum in Santa Clara, der Stadt, in der Che seinen größten Erfolg im revolutionären Kampf erzielte, sind diese aufbewahrt.[334] Jessica Gevers hat in einem Artikel in den Lateinamerikanachrichten, mit dem Titel „Die letzte Reise des Che" die Überführung der Gebeine dargestellt. „Ein salbungsvolles: `Hasta siempre, Comandante!´ beendet diese letzte Reise des Che."[335], berichtet Gevers, nachdem sie mitverfolgen konnte, wie hunderttausende von Menschen Che die letzte Ehre erwiesen, auf der Fahrt von Havanna nach Santa Clara. Mit dem Mausoleum für Che wurde in Kuba die Stätte zur Verehrung Che Guevaras geschaffen. Das Mausoleum stellt eine Form der Sakralisierung Ches da. So lebt auch der Che in der Zeitlosigkeit fort.

5. Die Reaktionen auf den Tod Ches in Lateinamerika

Es ist nicht möglich, die enorme Außenwirkung Ches zu begreifen, ohne die Reaktionen auf seinen Tod zu betrachten. An dieser Stelle ist es nur möglich, auf einige wenige Reaktionen in Bezug auf seinen Tod einzugehen. Diese beziehen sich auf Schriftstücke und Aussagen, welche in ihrer Wortwahl die Affekte lediglich erahnen lassen, die sich mit seinem

---

[332] Siehe Anhang, S. 157. (A1-A3)
[333] García, Fernando Diego; Sola, Óscar: Sueño, 1997. S. 204.
[334] Anderson, Jon Lee: Che, 2001. S. 680.
[335] Gevers, Jessica: Reise, 1997. S. 26.

Tod verknüpft haben. Da diese Aussagen zumeist von Personen getroffen wurden, die ihm nicht familiär nahe standen, legen sie zugleich Zeugnis ab von Ches enormer Außenwirkung, auf die bereits zuvor eingegangen wurde.

So hat zum Beispiel für Arnaldo Orfila Reynal, einem argentinischen Schriftsteller, der Tod Ches identitätstiftende Wirkung, dergestalt, dass Reynal nun wieder einen Grund hat, nationalstolz zu sein. „Jetzt, in dieser schon so vorgerückten Etappe meines Lebens", so schreibt er, „hat der Tod *Ches* in mir einen gewissen Nationalstolz erweckt: Argentinien, seit so vielen Jahrzehnten besiegt, dieses Land, bar aller Größe, schenkt der Welt plötzlich einen Menschentyp, der unter den Menschen aller Länder und aller Zeit nicht leicht zu finden ist. [...] Das Leben und der Tod *Ches* werden in unsere Geschichte eingehen, werden ihr ein neues Licht geben und in diesem Volk Atem und Hoffnung entzünden, die unsere Zukunft retten mögen."[336]

Der Außenminister Kubas verkündete etwa, dass die lebendige Gegenwart Ches ewig fortdauern würde, wie „ein sich ständig erneuernder Frühling". „Er wird an unserer Seite marschieren, Ellbogen an Ellbogen, und in unvergleichlichem Licht wird sein Stern strahlen als Kommandant des Volkes, als Apostel der kommunistischen Revolution, als Schmied der Siege, die sich wie kochende Lava im Untergrund ankünden."[337]

„Wie kann das auch wahr sein, dieser Kontinent verdient es nicht: mit deinen offenen Augen hätte Lateinamerika schnell seinen Weg gefunden.", schreibt Haydée Santamaría aus Kuba. Und weiter, „Bei der Gedenkfeier wusste dieses große Volk nicht, welchen Titel *Fidel* dir geben würde. Er nannte dich: ARTIST. [...] Alles was du schufst, war vollkommen, aber du hast eine einzigartige Schöpfung vollbracht, du hast dich selber geschaffen, du hast bewiesen, dass dieser neue Mensch möglich ist.".[338]

Und Alejo Carpentier stimmte in diesen Lobgesang ein, indem er Che als „unzerstörbares Vorbild, das, wenn auch als Person zerstört, in nichts den Kampf schwächt, der für die Befreiung Unseres Amerika geführt wird. [...] Mythos, Legende, Fabel, die von Mund zu Mund laufende Tradition trägt

---

[336] Materialien zur Revolution in Reden, Aufsätzen, Briefen von Fidel Castro, Che Guevara, Regis Debray. Darmstadt, 1968. S. 15-16.
[337] Ebd., S. 19.

durch das ganze Land, zu den Hängen der Kordilleren, zu den Ufern der Flüsse, den Namen *Ches.*"[339]

Dieser Lobgesang, welcher in seiner Art sehr an die Lobpreisungen Gottes erinnern, verweisen bereits auf die Verklärung der Person Che Guevara, wie sie in der Folgezeit geschah.

6. Die Sakralisierung Ches auf dem Subkontinent

a) „San Ernesto de la Higuera"

Eine ganz andere Art von Sakralisierung hingegen ist ein wichtiger Bestandteil des mythischen Elementes in der Wirkungsgeschichte Ches in Lateinamerika. Hier ist diese Sakralisierung nicht staatlicherseits gefördert, vielmehr entstand dieser Kult zuerst unter den „campesinos" (=Bauern) in Bolivien. So berichtet Hugo Gambini: „Los pobladores del pequeno pueblo boliviano La Higuera comenzaron a peregrinar hasta la escuelita donde El Che fue ejecutado y a venerar su imagen. Lo bautizaron San Ernesto de la Higuera."[340]

Wie sich dieser Kult unter den Bauern, die Che zunächst gleichgültig gegenüberstanden, entwickeln konnte, ist ungewiss. Nach Paco Ignacio Taibo II wurde La Higuera kurz nach dem Tode Ches von einer schweren Dürre heimgesucht. „Volkes Stimme, die leisen Gerüchte, die Märchen schrieben das der göttlichen Strafe zu, weil die Bewohner zugelassen hatten, dass Che von den Soldaten getötet wurde."[341]

Der Kult um Che äußert sich in der Verehrung einiger Reliquien, wie etwa Haarbüschel oder Fetzen seiner Hose, welche von einigen Frauen und Männern des Dorfes bei seinem Tod als Erinnerung mitgenommen wurden.

---

[338] Materialien zur Revolution in Reden, Aufsätzen, Briefen von Fidel Castro, Che Guevara, Regis Debray. Darmstadt, 1968. S. 17-18.

[339] Ebd., S. 18.

[340] Gambini, Hugo: Biografia, 1996. S. 337. Übersetzt: "Die Siedler des kleinen bolivianischen Dorfes La Higuera haben begonnen zu der kleinen Schule zu pilgern, in welcher der Che ermordet wurde, und sein Bild zu verehren. Ihn haben sie San Ernesto de la Higuera getauft."

[341] Taibo II, Paco Ignacio: Che, 1997. S. 607.

Bilder von Che hängen in den Wohnzimmern der Dorfbewohner – aber auch anderswo in Lateinamerika – gleich neben dem Jesusbild. In La Higuera herrscht der Glaube, Che könne Wunder vollbringen. So werden Che Guevara Kerzen gespendet, wenn es lange nicht geregnet hat, oder aber auch Gebete ausgesprochen, wie dieses hier: „Gütige Seele Che, durch Eure Hilfe bitte ich um das Wunder, dass meine Kuh wieder gesund werde, gewährt es mir, gütige Seele Che."[342] Eine andere Quelle berichtet sogar davon, dass Che einen todkranken Jungen geheilt habe, nachdem man ihm Kerzen gespendet hatte.[343]

b) Der Fluch des Che

Von anderen übersinnlichen Kräften berichtet die Legende vom Fluch des Che Guevara. In den Jahren nach Ches Tod erlitten viele der Beteiligte an seinem Tod seltsame Unfälle, oder wurden ermordet. Es ging das Gerücht um, dass es sich dabei um den *Fluch des Che* handelt. In diesen Gedanken fließen die Hoffnungen auf ein Weiterleben Ches – wenn nicht Ches als Person, so zumindest seiner Kraft – mit ein. Er, der sich selbst an seinen Henkern rächt.[344]

Zuerst wurde Honorato Rojas, der „campesino", welcher die bolivianische Armee zu Ches Aufenthaltsort geführt haben soll, von einem Kommando der ELN[345] ermordet. In einem mysteriösen Unfall kam General Barrientos, er ordnete die Ermordung Ches an, in seinem Helikopter im Jahre 1969 ums Leben. Im Jahre 1970 kam dann Leutnant Eduardo Huerta, leitender Offizier bei Ches Gefangennahme, bei einem Autounfall ums Leben. Auch Oberst Selich wurde 1973 umgebracht, des weiteren mussten General Joaquín Zenteno, der Kommandant der Rangereinheit, die Che aufspürte, sowie Roberto Quintanilla, damaliger Chef des Geheimdienstes, sterben.

---

[342] Ebd., S. 607.
[343] Vgl. hierzu den Artikel „Die Campesinos stiften Kerzen für den Regen" aus *Die Tageszeitung* (7.7.1997), abgedruckt in: Castaneda, Jorge G.: Che Guevara. Biographie. S. 619-620. Frankfurt am Main, 1998. S. 620.
[344] Manche Darstellungen gehen auch von einer Racheaktion des kubanischen Geheimdienstes aus, was jedoch den Mythos „Che" nicht schmälert.
[345] ELN = Ejercito de Liberacion Nacional (Nationale Befreiungsarmee, hier: Bolivien)

Captain Gary Prado kam mit seinem Leben davon, jedoch wurde er durch eine Kugel im Jahre 1981 gelähmt.[346]

Die einzelnen Details dieser Legende sind für die vorliegende Arbeit nicht von Bedeutung. Vielmehr interessiert die Legende als Erscheinung an sich. So notierten zwei kubanische Historiker auf einer Reise durch Bolivien, dass innerhalb der bolivianischen Militärs der Aberglaube des *Fluches des Che* verbreitet war. So sollte Che sich an all jenen rächen, die bei seiner Ermordung mitschuldig waren. „Um sich zu retten, wurde empfohlen, drei Vaterunser und drei Ave Maria zu beten."[347]

c) „Chesuchristo"

In noch anderer Weise tritt die Sakralisierung Ches in Erscheinung, im Vergleich Ches mit Jesus Christus. Viele sahen in ihm sogar die Wiedergeburt Jesu. So sind es gerade die letzten Stunden seines Lebens, die diese Parallele zeichnen ließen.[348]

Mit Beginn der Gefangennahme Ches wurde diese mit dem Leidensweg Jesu verglichen. Sein Weg nach La Higuera glich dem Einzug Jesu in Jerusalem: „Ein langer Zug formierte sich, als Prado ihn nach La Higuera führte, das zwei Kilometer entfernt lag. Dahinter folgten die anderen Gefangenen, wobei Maultiere die Leichname der gefallenen Guerrillas und die verwundeten Soldaten trugen, und bald sammelten sich Hunderte von Zuschauern."[349] Auch wurde die Rolle der US-Regierung, ihre zögerliche Haltung, die es den bolivianischen Militärs erlaubte, Che zu exekutieren, als die Rolle des Pilatus gesehen. Mit einiger Phantasie lassen sich die Geschehnisse in La Higuera mit denen in Jerusalem 2000 Jahre zuvor

---

[346] Zu den Vorfällen im Zusammenhang mit der Legende des „Fluchs des Che", vergleiche insbesondere: Taibo II, Paco Ignacio: Che, 1997. S. 603-606, sowie Kunzle, David: Icon, 1997. S. 111.

[347] Taibo II, Paco Ignacio: Che, 1997. S. 604.

[348] An dieser Stelle soll nicht explizit auf die Christusähnlichkeit Ches in seinem Todesbildnis eingegangen werden. Dazu mehr im Kapitel „Ikonographische Verdichtung des Mythos Che".

[349] Castaneda, Jorge G.: Che Guevara, 1998. S. 497.

vergleichen. In beiden Fällen gab es auch einen Verräter.[350] David Kunzle geht sogar soweit, zu fragen, wie Jesus, im Falle einer Wiedergeburt, in der heutigen Welt – damit auch zum Zeitpunkt des Todes Ches – in Erscheinung getreten wäre. Für ihn steht es außer Frage, dass Jesus selbst Revolutionär war – somit auch heute sein müsste. So zieht er den Vergleich mit der Reinigung des Tempels Jesu, zu der Schlacht von Santa Clara von Che. „This [die Tempelreinigung Jesu; Anm. des Verfassers] must have been a major event, militarily comparable to Che Guevara's greatest military achievement, the taking of Santa Clara, for the temple was guarded by a Roman cohort of five hundred to six hundred men, and a special temple force of twenty thousand."[351] Kunzle kommt zu dem Schluss, dass Jesus und seine Anhänger damals ebenfalls bewaffnet gewesen sein mussten. Auch den Tod Jesu vergleicht er mit dem Tode Ches, beide, so Kunzle seien nach jeweils aktuellen Methoden der Todesstrafe zu Tode gekommen. Und beide hätten einen Titel gehabt, der sie das Leben kostete: „Jesus was explicitly executed as King of the Jews, as Che was executed as king of the Cubanstyle Latin American revolution."[352]

Welche weiteren Vergleiche zwischen beiden wurden gezogen? – Beide starben jung, beide wurden verraten, beide wurden von den Soldaten nach ihrer Gefangennahme beschimpft und belächelt, beide wurden öffentlich zur Schau gestellt (Jesus am Kreuz, Che im Waschhaus). Dies war Grund genug, den Vergleich zwischen beiden zu ziehen. Sicherlich spielte dabei auch die Hoffnung auf eine endzeitliche Wiederkehr und Auferstehung mit hinein. So hatten auch beide ihre Auferstehung, Jesus leibhaftig, Che spirituell im „Che vive!".[353]

Die Verwandlung Ches in Christus hat der bolivianische Dichter Ignacio Siles del Valle wie folgt dargestellt:

---

[350] Wer als Verräter gilt, ist abhängig von der jeweiligen Sichtweise. Bereits weiter oben wurde auf Fidel als potentieller Verräter eingegangen – damit verbunden war auch die Rolle des Opfers.

[351] Kunzle, David: Icon, 1997. S. 79.

[352] Ebd., S. 79.

[353] Ebd., S. 87.

"Clavos como Balas

néstor

clavados los ví en la guerrilla

ernesto

erchesto

ercresto

ercristo

el cristo."[354]

Zuletzt muss im Zusammenhang mit der Sakralisierung Ches noch auf seinen Namen eingegangen werden. Auch dieser wurde mit der Aura der Heiligkeit versehen – wenngleich es nur sein Spitzname war. Die drei Buchstaben seines Namens wurden auch hier wieder mit den drei Buchstaben des heiligen Namen Jesu, IHS, verglichen. Drei Buchstaben sollten auch bei Che für die göttliche Zahl „drei"[355] stehen.[356]

Den Namen Che hatten ihm seine Kameraden in der Sierra Maestra verliehen, da er, für einen Argentinier typisch, stets die Interjektion Che beim sprechen benutzte. Pierre Kalfon hat in seinem Buch „Che. Ernesto Guevara, una leyenda de nuestro siglo" die Bedeutung das Begriffes "Che" herausgestellt: „*Che* es la interjección característica del hablar argentina familiar para llamar la atención del interlocutor. Según la entonación o las circunstancias, *che*, que es signo de tuteo, puede significar mil cosas distintas: eh, salud, caramba, no es posible, etc...."[357] Auf Kuba und in ganz Lateinamerika wurde "Che" jedoch zu einem Symbol, zum Symbol des revolutionären Kampfes.

---

[354] Kunzle, David: Icon, 1997. S. 82. / Übersetzt: **„Nägel wie Kugeln** / Néstor / eingenagelt sah ich sie in der Guerilla / Ernesto / Erchesto / Ercresto / Ercristo / El cristo."

[355] „Drei" ist die göttliche Zahl, da sie für die Dreieinigkeit Gottes (Vater, Sohn, heiliger Geist) steht.

[356] Kunzle, David: Icon, 1997. S. 54.

[357] Kalfon, Pierre: Leyenda, 1997. S. 11. Übersetzt: "Che ist die charakteristische Interjektion des vertraut argentinisch Sprechenden, um die Aufmerksamkeit des Gesprächspartners zu wecken. Je nach Betonung oder Situation, kann Che, was ein Zeichen des Duzens ist, tausend verschiedene Dinge bedeuten: Eh, Hallo, Mist, das darf doch nicht wahr sein, etc...."

7. Ches Erben – die Guerillabewegungen in Lateinamerika

Unabstreitbar den größten Einfluss hatte Che auf die Guerillabewegungen in Lateinamerika. Michael Löwy schreibt: „In every revolutionary process happening in Latin America in recent years – from Nicaragua to El Salvador, from Guatemala to Mexico – one can detect, sometimes visibly, sometimes not, the influence of `guevarismo´".[358]

In der Folgezeit nach seinem Tod, beriefen sich immer wieder Guerilla-bewegungen in den verschiedensten lateinamerikanischen Ländern auf Che Guevara. Viele dieser Bewegungen wurden dabei auch von Kuba aus politisch und finanziell unterstützt.[359] Die sich hieraus hervorgegangenen Strömungen wurden unter dem Sammelbegriff „Guevarismus" gefasst.

Für die vorliegende Arbeit ist vor allem interessant, welche Guerillabewegungen sich auf Che beriefen, und wie der Einfluss Ches noch in ihnen erkennbar ist. Das Scheitern der meisten Guerillabewegungen, welche sich Anfang der siebziger bis Mitte der siebziger Jahre formierten, haben die Kritiker Ches dazu veranlasst, zu behaupten, dass mit dem Scheitern der Guerillabewegungen auch Ches Konzept – die „foco-Theorie", dargelegt in „Der Guerillakrieg" – endgültig gescheitert ist. Dennoch hat sein Mythos in Guerillakreisen überlebt, wie dies das Beispiel der EZLN[360] aus Mexiko zeigt. Der charismatische Führer der EZLN, Subcomandate Marcos, bekannt geworden durch den Chiapas-Aufstand 1994, wird schon als zweiter „Che" verehrt.

Zwar muss eingeräumt werden, dass sich die EZLN nicht ausschließlich auf Che beruft, vielmehr steht hier Zapata, der Held der mexikanischen Befreiungsbewegung, im Vordergrund.[361] Doch reiht sich Che, als der große Guerillatheoretiker, in die Reihe der Helden ein, die Vorbild für die

---

[358] Löwy, Michael: Humanism, 1997. S. 2.

[359] Die gebotene Kürze der vorliegenden Arbeit erlaubt es nicht, auf die interessante Geschichte der Guerilla in Lateinamerika einzugehen. Es wird hiermit auf die einschlägige Literatur verwiesen, wie zum Beispiel: Lamberg, Robert F.: Die Guerilla in Lateinamerika. Theorie und Praxis eines revolutionären Modells. München 1972. (Dieser Band behandelt jedoch nur die Geschichte bis zur unmittelbaren Phase nach Ches Tod!)

[360] EZLN= „Ejército Zapatista de Liberación Nacional" (=Zapatistische Befreiungsarmee / Mexiko)

[361] Zur weiteren Information über die EZLN sei auf deren offizielle Homepage verwiesen, online unter: www.ezln.org, 10.07.2002.

EZLN sind. „Jeden 8. Oktober, das Datum an dem Guevara von der boliviansichen Armee hingerichtet wurde[362], begehen die Zapatisten als `Tag des heroischen Guerillero´ mit einer einfachen Zeremonie in den Bergen des Südostens."[363] Subcomandante Marcos bedient sich der Figur Ches somit als Vorbild. Männer wie Che werden zum Ansporn für die Guerrilleros und zugleich geben sie ihren Kämpfen einen Sinn. In Form eines „Heiligen", über den Sterblichen stehend, transzendiert durch die Wünsche und Hoffnungen der Guerilleros, steht Che als Motivation für sie. „Als Reaktion auf die Offensive der mexikanischen Armee am 9. Februar 1995 erinnerte Marcos gleich an zwei Heilige: Emiliano Zapata in Chinameca und Che in Vado del Yeso und der Yuro Schlucht."[364]

Neben der EZLN beruft sich auch die FSLN[365] aus Nicaragua auf Che Guevara. Sie geht sogar noch weiter als die EZLN, indem sie Che Guevara mit in ihren Schwur aufgenommen hat. Dieser lautet: "Ante la imagen de Augusto César Sandino y Ernesto Che Guevara, ante el recuerdo de los héroes y mártires de Nicaragua, de América Latina y de la humanidad entera, ante la historia, pongo mi mano sobre la bandera roja y negra, que significa patria libre o morir."[366]

Auch in Guatemala kämpfte die EGP[367] unter dem Banner Ches. Die Erfahrungen in diesem Kampf hat der Ex-Guerrillero Armando Maldonado exemplarisch dargelegt. Er erzählt, wie die Flagge mit dem Konterfei Ches, über den Bergen Guatemalas wehend, Ansporn und Kraftquelle war. „Sein Porträt war eine Art Gegengift gegen Erschöpfung und Angst."[368] Auch übernahmen die guatemaltekischen Guerrilleros den Kriegsruf Ches.

---

[362] Hier bleibt weiterhin strittig, ob es nun der 8. oder 9. Oktober 1967 war. Mittlerweile wird offiziell der 9. Oktober genannt, während gerade die Guerillabewegungen – und auch Fidel mit dem „día del guerillero heroico" – am Datum des 8. Oktober als Todestags Ches festhalten.

[363] Garrido, Luis Javier: Zapatisten, 1998. S. 55.

[364] Castaneda, Jorge G.: Che Guevara, 1998. S. 13.

[365] FSLN= „Frente Sandinista de Liberacion Nacional" (=Nationale Sandinistische Befreiungsfront / Nicaragua). Auch hier sei zur weiteren Information auf deren Homepage verwiesen, online unter: www.fsln-nicaragua.com, 10.07.2002.

[366] García, Fernando Diego; Sola, Óscar: Sueño, 1997. S. 209. Übersetzt: „Vor dem Bildnis Augusto César Sandinos und Ernesto Che Guevaras, im Gedenken an die Helden und Märtyrer Nicaraguas, Lateinamerikas und der gesamten Menschheit, vor der Geschichte, lege ich meine Hand in das rot-schwarze Tuch, welches ein freies Vaterland bedeutet, oder den Tod."

[367] EGP= „Ejército Guerrillero de los Pobres" (Guerillaarmee der Armen / Guatemala)

[368] Maldonado Castellanos, Armando: Erfahrungen, 1997. S.13.

„`Hasta la victoria siempre´ (´Bis zum endgültigen Sieg´) war der Kriegsruf unseres Kampfes, der uns vor dem tiefen Abgrund aus Schrecken und Entsetzen rettete."[369]

Diese Beispiele belegen den Einfluss des Mythos „Che" auf die Guerillabewegungen in Lateinamerika. Dabei verdeutlicht besonders die Wichtigkeit der Guerillabewegungen in Lateinamerika – vor allem in den siebziger Jahren – zugleich auch die Wichtigkeit Ches. Selbst außerhalb Lateinamerikas wurde Ches Einfluß auf die Guerilla in Lateinamerika hoch bewertet, wie die Akten der US-Regierung belegen. Unter einer Auflistung der als terroristisch klassifizierten Bewegungen weltweit, finden sich auch lateinamerikanische Guerillabewegungen wieder, mit dem Vermerk auf Ches Einfluß.[370]

Hierunter fällt auch die ELN[371] in Kolumbien, sowie die ELN (gleiche Bezeichnung und Übersetzung wie in Kolumbien) in Bolivien. Letztere beruft sich sogar darauf, von Che begründet worden zu sein.

8. Die ikonographische Verdichtung des Mythos „Che"

Das wohl bekannteste mythische Element Che Guevaras findet sich in seiner ikonographischen Verdichtung wieder. Der Name Che Guevara ist, wie kein zweiter, verbunden mit einem Bild, das Bild des „guerrillero heroico", welches unzählige Plakate, T-Shirts, Buchcover und dergleichen mehr schmückt. Wenngleich es unzählige Bilder Ches gibt, er war selber begeisterter Photograph, so hat doch kein anderes Bild diese Wirkung erreicht, wie das Bild des „guerillero heroico". Es zeigt Che Guevara mit entschlossenem Blick, leicht abgewandt, jugendlich wirkend mit Barett und wallendem Haar. Seinem Photographen, Alberto „Korda" Diez, verhalf dieses Bild zu unerwarteter Bekanntheit. Er schoss das Foto im März 1960

---

[369] Ebd., S. 13.
[370] Vgl. hierzu die Auflistung der terroristischen Gruppen, online unter: http://library.nps.navy.mil/home/tgp/tgpndx.htm, 10.07.2002.
[371] ELN= "Ejército de la Liberación Nacional" (= Nationale Befreiungsarmee / Kolumbien)

während einer Kundgebung für die Opfer der Explosion des Frachters *La Coubre* im Hafen von Havanna.[372]

a) Das „Korda-Foto"

Was ist das besondere an diesem Foto Kordas? – Um zu verstehen, wieso dieses Bild eine derartige Wirkung entfalten konnte, muss man es genauer betrachten. Den Ausdruck Ches auf diesem Foto hat Eric Luther folgendermaßen beschrieben: „His steely gaze seems fixed on a distant horizon, his chin defiant and his resolve strong. A black beret with a single gold star rests upon a tangle of thick black hair, and his eyes reflect both anger and pain."[373] Was Ches Augen wirklich reflektieren – ob nun Hass und Schmerz, wie es Eric Luther hineininterpretierte – bleibt subjektive Anschauung. „Some would see righteous anger while others saw cold calculation, but it seemed everyone saw something burning deep within the Argentine rebel who had given so much for Cuba and the socialist cause.", wie Luther weiterschreibt.[374]

Unbestritten jedoch ist, dass von diesem Blick, der in die Ferne, auf einen imaginären Horizont gerichtet ist, eine Ausstrahlung ausgeht, die fast schon magisch anmutet. Dabei wird diese Ausstrahlung verstärkt und unterstützt durch die Entzeitlichung des Fotos, wie dies bereits im ersten Hauptteil dargelegt wurde. Fast immer ist dieses Foto in schwarz-weiß gehalten, dazu meist ohne Hintergrund.[375]

Hervorzuheben ist darüber hinaus die Ästhetik und Jugendlichkeit Ches, die sich insbesondere durch die wallenden Haare herausstellt.

Zugleich vereint dieses Foto mehrere Merkmale, welche für Che typisch wurden. Zunächst einmal das Barett. Che war der einzige Kämpfer der

---

[372] Der französische Frachter La Coubre explodierte im März 1960 im Hafen von Havanna. Er hatte Waffen aus Belgien geladen. Bei der Explosion, für die Fidel die CIA verantwortlich machte, starben über hundert Menschen und weitere hundert wurden verletzt. Vgl. dazu auch: Luther, Eric: The Life and work of Che Guevara. Indianapolis, 2001. (Series Critical Lives) S. 139. Sowie die Internetseiten der kubanischen Regierung unter: http://www.cubagob.cu/otras_info/minfar/coubre.htm, 09.07.2002.

[373] Luther, Eric: Life, 2001. S. 139.

[374] Ebd., S. 139.

[375] Zu denken ist hierbei vor allem an das klassische T-Shirt Motiv.

Revolution, der ein Barett trug.[376] Weswegen er sich für das Barett entschied bleibt Spekulation. Nichtsdestotrotz hat das Barett ästhetisch gesehen mehrere Vorteile: „The beret forms a clean line over the brow, forming a ´semi-halo´."[377] Sicherlich war dieser Effekt von Che nicht beabsichtigt, jedoch trug diese Tatsache mit dazu bei, dass Che Guevara das „Gesicht der Revolution" wurde. Neben dem Barett ist sicherlich der Stern, welcher an seinem Barett befestigt war, zu einem unverkennbaren Merkmal Ches geworden. Der goldene Stern verkörperte dabei zum einen seinen Rang (als Comandante), zum anderen steht er sinnbildlich für den Stern des Sozialismus. Auch die Ästhetik des Sterns ist bedeutend – in den meisten Bildern Ches ist der Stern nicht in schwarz-weiß, sondern hat eine zusätzliche Farbe und ist so hervorgehoben – es ist eine Quelle des Lichts und der Macht, wie Kunzle schreibt.[378] Zuletzt sind sowohl das wallende Haar Ches, sowie sein Bart unverkennbarer Merkmale seiner selbst. Auch hierzu hat David Kunzle Anmerkungen gemacht, und zum Beispiel auf die Hippie-Generation verwiesen, für die lange Haare Zeichen des Protestes gegen die vorherrschenden Konventionen waren. Aus einer anderen Perspektive heraus lässt sich das lange Haar und der Bart ebenfalls erklären, aus den Umständen der Kämpfe, die es nicht erlaubten, sich regelmässiger Körperpflege hinzugeben. Damit wird gerade der Bart zu einem Zeichen der Revolution, und wurde in diesem Zusammenhang sogar politisiert. Die Guerilleros in Kuba wurden landläufig „Barbudos" (=die Bärtigen) genannt. Fortan war dieser Name, in Verbindung mit dem Auftreten potentieller Guerilleros, von den Regierungen in Lateinamerika gefürchtet.[379] So prägte Fidel Castro den Ausspruch: „´Your beard does not belong to you. It belongs to the revolution.´".[380]

Interessant ist in diesem Zusammenhang die Geschichte, welche sich vor Ches Abreise in den Kongo innerhalb seiner Familie abgespielt haben soll. Nachdem Che sich komplett rasiert hatte (inklusive Haare), soll seine

---

[376] Ein Barett eignet sich nicht für Kampfsituationen. Die meisten Guerilleros trugen eine Baseballmütze, wie sie auch Fidel trug, oder aber einen Sonnenhut, wie ihn etwa Camilo Cienfuegos trug.
[377] Kunzle, David: Icon, 1997. S. 53.
[378] Kunzle, David: Icon, 1997. S. 53.
[379] Ebd., S. 49-50 (Hier finden sich auch alle anderen Anmerkungen zu der Bedeutung der Haar- und Barttracht der „Barbudos".)
[380] Ebd., S. 49, zitiert nach Franqui, Carlos: Family portrait with Fidel. New York, 1984. S. 13-15.

eigene Tochter ihn nicht mehr erkannt haben und schreiend von ihm geflüchtet sein, als er sie küssen wollte.

Weitere Merkmale, die für Che bedeutend sind, allerdings nicht in Verbindung mit dem "Korda-Foto" stehen, seien dennoch erwähnt. So ist Che oftmals mit einer Zigarre abgebildet. Dazu muss gesagt werden, dass diese „the essence of cubanidad"[381] darstellte, und nicht etwa, wie aus westlicher Sicht gesehen, ein Luxusartikel war. Vielmehr war auch sie Zeichen der gelungenen Revolution, die jedermann zu einem gewissen Lebensstandard verhalf. Weiterhin stehen seine Uniform sowie seine Unterschrift als Merkmal für Che. Gerade seine Unterschrift wird häufig noch auf Bildern gezeigt, in Cuba war sie in Ches Zeit als Chef der Zentralbank auf jedem Geldschein zu sehen.

Diese herausgestellten Merkmale sind typisch für Che Guevara und werden auf vielfältige Weise in ikonographischen Darstellungen verwendet. Sie dienen als Erkennungsmerkmale Che Guevaras.

b) Che Guevara im Waschhaus und der tote Christus

Auf einen besonders interessanten Zusammenhang sei in diesem Kapitel noch hingewiesen. So wurde der aufgebahrte Leichnam Ches im Waschhaus oftmals mit dem toten Christus verglichen.[382] Dazu wurden insbesondere zwei Gemälde herangezogen, zum einen das Bildnis des toten Jesus von Holbein, zum anderen das Bildnis von Mantegna, „Der tote Jesus".[383]

Und tatsächlich sind die Gemeinsamkeiten verblüffend. So stellt Martin Ebon fest: "He [Che Guevara] has already been called `The Christ of the Andes`, and the external similarities certainly exist. The naked body, propped up. The young, thin, bearded face, the eyes open in death. And the bullet wound, just below the heart on the white, hairless chest.".[384]

---

[381] Ebd., S. 51.
[382] Hier vor allem im Zusammenhang mit der Heiligenverehrung Ches.
[383] Siehe Anhang, S. 157.
[384] Ebon, Martin: Legend, 1969. S. 132.

Ein weiteres Element des Mythischen zeigt dieses Bild. Es ist das bereits erwähnte Element des Opfers. Zieht man den Vergleich zu Jesus, der als „Lamm Gottes" gestorben ist, für jedermann sichtbar, am Kreuz hängend, so liegt Che nun für jedermann sichtbar im Waschhaus von Vallegrande. Aufgebahrt, wie auf einem Opferaltar. Während die bolivianischen Offiziere Che zur Schau stellten, um zu beweisen, dass sie ihn gefangen hatten, und den Schrecken den er verbreitete besiegt hatten, kehrte sich ihr Vorhaben ins Gegenteil. Der tote Che wurde zum Opfer stilisiert, zum Märtyrer. Er bleibt am Ende der Held, er triumphiert im Grab. Der Ausdruck seines Gesichtes zeigt zuletzt die „Versöhnung mit dem Grab" – und damit auch die Vergebung gegenüber seinen Henkern.

Im Sterbefoto Ches manifestiert sich somit endgültig der Mythos „Che". In ihm zeigt sich das Wesen dieses Mythos verdichtet. So schreibt Castaneda: „Die Symbolkraft Ernesto Che Guevaras ist ohne den Aspekt des Opfers nicht begreifbar. Ein Mann, der alles besitzt - Macht, Ruhm, Familie und Annehmlichkeiten -, verzichtet auf all dies für eine Idee, und zwar ohne Zorn und Vorbehalte. Seine unbestreitbare Bereitschaft zu sterben, findet sich nicht in Guevaras Reden oder Schriften, nicht in den Lobpreisungen Fidel Castros, nicht einmal in der posthumen Verherrlichung seines Märtyrertums, sondern vielmehr in den Augen des Toten in der Leichenhalle. Es ist als blicke der tote Guevara verzeihend auf seine Mörder und erkläre der Welt, dass die, die für ihre Ideen sterben, ihre Leiden transzendieren."[385]

9. Die narrative Verdichtung des Mythos „Che"

Ist von der narrativen Verdichtung des Mythos „Che" die Rede, so öffnet sich das wohl größte Feld dieses Mythos. Während die ikonographische Verdichtung, insbesondere im „Korda-Foto", als wohl bekanntestes Element des Mythos „Che" gesehen werden kann, und bestimmte Assoziationen weckt, geht die narrative Verdichtung weitaus tiefer. Kann das Bild „Ches" noch unpersönlich bleiben, und „ohne Worte" auf den

---

[385] Castaneda, Jorge G.: Che Guevara, 1998. S. 10.

Betrachter wirken, so öffnet sich mit der narrativen Verdichtung dieses Mythos die persönliche Anteilnahme an diesem. Die Assoziationen werden nun in Worte gefasst, sie werden zu Wünschen, Hoffnungen, Erwartungen und Lobpreisungen umgedichtet.

So sind die bisher vorgestellten und verwendeten Biographien und Zeugnisse unter die narrative Verdichtung zu rechnen. Dennoch soll diese in einem eigenen Kapitel nochmals herausgestellt werden. Dabei soll in dem nun folgenden Kapitel die narrative Verdichtung anhand von Liedern und Gedichten zu Ehren Che Guevaras erfolgen. Wenngleich Lieder in der Affektion und Anteilnahme durchaus eine tiefere Wirkung haben als Gedichte, so sollen doch beide ungetrennt voneinander in diesem Abschnitt vorgestellt werden. Dies ist vor allem dadurch möglich, da beide zumeist einen bestimmten zentralen Punkt herausstellen, wie zu zeigen sein wird. Da Wissenschaft nicht nur analytisch bleiben kann, sondern auch den Hintergrund der Emotionalität verstehen muss, sind die hier vorgestellten Lieder in Form einer CD als Audiobeispiele an diese Arbeit angehängt.

a) „Hasta siempre"

Das sicherlich bekannteste Lied über Che Guevara, (weshalb es hier auch losgelöst von den anderen Liedern vorgestellt werden soll), „Hasta siempre", wurde von dem Kubaner Carlos Puebla 1965 geschrieben.[386] Es greift mit seinem Titel den Ausruf Fidels am Ende seiner Rede für Che auf, indem es Che Guevara symbolisch „Hasta siempre!"[387] zuruft. Carlos Puebla hebt in einer bildhaften Sprache die Eigenschaften Ches als „guerillero" hervor, und erhebt ihn in übermenschliche Höhen. So singt er von „el sol de tu bravura"[388] und „tu mano gloriosa y fuerte sobre la historia dispara"[389] sowie "la luz de tu sonrisa"[390]. Nochmals wird der Sieg

---

[386] Nach eigener Aussage Pueblas entstand dieses Lied spontan nachdem Fidel Castro den Abschiedsbrief Ches vorgelesen hatte.

[387] Übersetzt: „Auf immer!"

[388] Übersetzt: „Die Sonne Deiner Tapferkeit". Der Liedtext ist abgedruckt im Booklet zur CD „El Che vive! 1967-97". Oder abrufbar, online unter: http://www.stormpages.com/marting/carlospuebla.htm, 11.07.2002.

[389] Übersetzt: „Deine glorreiche und starke Hand, welche die Geschichte wegwischt".

Ches in Santa Clara beschwört, und mit ihm die Kraft des gemeinsamen Kampfes. Der Refrain bringt dies zum Ausdruck, indem er ausdrückt, wie sich Ches Gegenwart im Kampf wiederspiegelt. Es heisst: "Aquí se queda la clara, la entrañable transparencia de tu querida presencia, Comandante Ché Guevara."[391].

Durch diese "geliebte Anwesenheit" Ches, so Puebla weiter, ist es seinen Kameraden möglich, weiter zu marschieren, und den Idealen Ches treu zu bleiben. Diese Treue spricht Carlos Puebla symbolisch aus, indem er zum Ende seines Liedes singt: Seguiremos adelante como junto a tí seguimos y con Fidel te decimos: "¡Hasta siempre Comandante!"[392]. Carlos Puebla erweist damit Che Guevara zuletzt noch die größte Ehre, welche er einem militärischen Führer erweisen kann, indem er in vollem Vertrauen ausspricht, ihm auf immer zu folgen, einschließlich aller Konsequenzen. „Hasta siempre" ist das meistgesungene Lied über Che Guevara, welches auch von vielen Sängern außerhalb Kubas gesungen wurde.[393]

b) Che und die Ewigkeit

Nicht nur in „Hasta siempre" wird von Carlos Puebla die Ewigkeit besungen. Nicht im Sinne der ewigen Nachfolge, vielmehr im Sinne der ewigen Gültigkeit und Lebendigkeit Ches, will Carlos Puebla seine weiteren Lieder über Che verstanden wissen. Besonders „Lo eterno"[394] hebt dies hervor. So heisst es etwa: "Hombres como tu no mueren, ni en la historia, ni en el tiempo."[395] Damit enthebt er Che Guevara aus der Zeitlichkeit und attestiert im die Unsterblichkeit. Dabei ist es abermals Che, dem er die Anwesenheit trotz Abwesenheit andichtet: „tu presencia

---

[390] Übersetzt: „Das Licht Deines Lächelns".

[391] Übersetzt: „Hier bleibt die Klarheit, die herzliche Durchsichtigkeit Deiner liebevollen Anwesenheit übrig, Comandante Che Guevara.".

[392] Übersetzt: „Wir werden weiter vorwärts gehen, als würden wir mit Dir gehen, und mit Fidel sagen wir Dir: ´Auf immer, Comandante!´".

[393] Hier sei angemerkt, dass auch der Liedermacher Wolf Biermann eine deutsche Version dieses Liedes sang, die für die vorliegende Arbeit jedoch nicht von Bedeutung ist.

[394] Übersetzt: „Der Ewige". Auch hier ist der Text dem Booklet der CD entnommen.

[395] Übersetzt: „Männer wie Du sterben nicht, nicht in der Geschichte, nicht in der Zeit."

firme y clara como estrella reflujente"[396]. Erneut bezieht sich Puebla hier auf den Kampf Che Guevaras, diesmal auf dem Hintergrund, dass Che den Kampf für das Volk (pueblo) Lateinamerikas gekämpft hat. Deshalb ist er auch, wie es in der letzten Strophe heisst: „como fuiste mas que un hombre, como fuiste luz y ejemplo, viviras eternamente, en el corazon del pueblo".[397]

c) Che als Weg

Eine weitere Metapher verbindet sich mit Che in der narrativen Verdichtung seines Mythos, die des Weges. Dabei wird Che selber als Weg (= el camino) angesehen. Dies steht in Einklang mit seinem eigenen Weg, den er ging, auf der Suche seiner und Lateinamerikas Identität. Damit ist unweigerlich wieder der Gegensatz „patria o muerte" verbunden, im Sinne von Identität und Nicht-Identität.

In seinem Lied „Ay, Che camino"[398], bringt dies Alfredo de Robertis zum Ausdruck. Einer Selbstbeschreibung, „no tengo tierra ni casa, no tengo nombre ni edad, soy como el viento que pasa, un viento de libertad"[399], ist zu entnehmen, dass dem Sänger keinerlei Identität hat. Wie der Wind weht er gleichsam über das Land. Aber, wie er sagt, „mi sueno querido es la patria americana"[400]. Um diesen Traum zu erreichen, muss er sich auf den Weg machen. Dieser Weg ist ihm vorgegeben durch Che Guevara. Ähnlich wie bei Puebla wird Che als Vorbild angesehen, dem es zu folgen gilt. Hier jedoch geht es nicht um die bedingslose Treue, vielmehr ist Che die Verkörperung der möglichen Option, „patria o muerte". So singt de Robertis: „Ay, Che camino, patria o muerte es mi destino."[401]

---

[396] Übersetzt: „Deine Anwesenheit, stark und klar, wie ein spiegelnder Stern".

[397] Übersetzt: „Weil Du mehr warst als ein Mann, weil Du Licht und Beispiel warst, wirst Du ewig im Herz des Volkes weiterleben."

[398] Übersetzt: „Ay, Che Weg". Ebenfalls wurde hier der Text dem Booklet der CD entnommen.

[399] Übersetzt: „Ich habe kein Land, ich habe kein Haus, habe keinen Namen, keine Identität, ich bin wie der Wind der vorüberweht, wie der Wind der Freiheit."

[400] Übersetzt: „Mein süßer Traum ist das Vaterland Amerika".

[401] Übersetzt: „Ay, Che Weg, Vaterland oder Tod ist mein Schicksal".

In vergleichbarer Weise nutzt Mario Benedetti die Metapher des Weges, in seinem Gedicht „Consternados, rabiosos"[402]. Hier schreibt er: „dicen que incineraron toda tu vocación menos un dedo basta para mostrarnos el camino."[403] Auch Daniel Viglietti greift die Metapher mit seinem Lied "La senda está trazada"[404] auf. Hierin verweist er in seinem Refrain darauf, dass der Weg umrissen ist, denn „Che hat ihn uns aufgezeigt".

Anders beschreibt Eduardo Ibarra aus Peru in seinem Gedicht „Canto al Comandante Ernesto Guevara"[405] den Weg. Hier heißt es: „Era rojo faro de camino y ahora es el camino...!"[406]

Che Guevara als Nachfolgender eines Weges selber, beschreibt Victor Jara in seinem „Zamba del Che"[407]. Demnach ist es Che, der dem Weg folgt, der von Bolívar aufgezeigt wurde. „Bolívar le dio el camino y Guevara lo siguió liberar a nuestro pueblo del dominio explotador."[408] Hier stellt Jara Che Guevara in den Kontext der Befreiungshelden und verbindet damit zugleich die Bedeutung für das Volk Lateinamerikas. So greift er in seinem Refrain auch wieder die Thematik von „patria o muerte" auf. Er singt: „Selvas, pampas y montanas, patria o muerte su destino".[409]

---

[402]Übersetzt: „Feststellungen, wütend".
Online unter: http://www.stormpages.com/marting/mario.htm, 11.07.02.

[403] Übersetzt: „Sie sagen, sie haben Deine ganze Berufung verbrannt, bis auf einen Finger, (dies ist) genug, um uns den Weg aufzuzeigen."

[404] Übersetzt: „Der Weg ist umrissen". Der Text ist online unter: http://www.atame.org/d/daniel_viglietti/la_senda_esta_trazada.shtml, 11.07.02.

[405] Übersetzt: „Gesang auf den Comandante Ernesto Guevara".

[406] Übersetzt: „Es war der rote Leuchtturm auf dem Weg und nun ist er selbst der Weg...!". Vgl.: Kunzle, David: Icon, S. 47; zitiert nach: Fornet, Ambrosio; Orrillo, Winston: Poemas al Che. Lima, 1972. S. 115.

[407] Übersetzt: „Zamba des Che". Der Liedtext ist dem Booklet der CD entnommen.

[408] Übersetzt: „Bolívar hat den Weg aufgezeigt und Guevara ist ihm gefolgt, unser Volk zu befreien, von der Herrschaft der Unterdrücker.".

[409] Übersetzt: „Wälder, die Pampa und Berge, Vaterland oder Tod ist sein Schicksal.".

d) Che als Bruder

Auch auf dem Wege, allerdings mit Che gemeinsam, ist das Thema der Metapher des Bruders. Die tiefe Verbundenheit der „guerrilleros" im Kampf, drückt sich wieder in den Liedern und Gedichten aus, die Che in Vertrautheit ansprechen. Damit wird die entstandene Distanz – nach dem Tode Ches – überwunden. Es ist, als sei Che präsent, man führt einen Dialog mit ihm. Diese Vertrautheit war in den bisherigen Liedern, etwa bei Pueblas „Hasta siempre" schon implizit vorhanden.

Bewusst spielt Angel Parra aus Chile mit der Symbolik des Bruders. In seinem Lied „Guitarra en duelo mayor"[410] kehrt er die Ansprache um. So ist nicht mehr Che der Ansprechpartner, sondern ein bolivianischer Soldat. Parra verweist auf die Metaphorik des Bruders, indem er alle Lateinamerikaner als Brüder im Kampf gegen den Imperialismus ansieht, also auch den bolivianischen Soldaten, der gegen diesen Kampf – repräsentiert durch Che Guevara und die Guerilla in Bolivien – eingesetzt wurde. Fast anklagend spricht Parra den bolivianischen Soldaten darauf an, dass er mit einem amerikanischen Gewehr kämpft[411], welches, so Parra, ein „regalo de mister Dolár" ist, „para matar a tu hermano".[412] Parras Lied betont, dass mit der Unterstützung der USA, die eigenen „Brüder" gegeneinander stehen. Anstelle der gemeinsamen Ziele und Ideale tritt nun das Geld, „Mister Dollar". Belehrend singt er zuletzt: „Pero aprenderás seguro, soldatito boliviano, que a un hermano no se vende, que no se mata a un hermano."[413]

Direkt mit der Metapher des Bruders spricht Julio Cortázar in seinem Gedicht „Mensaje al hermano"[414] Che Guevara an. In Anlehnung an die Hände Ches, welche ihm abgetrennt wurden, und der Tatsache bewusst, dass er, Cortázar, als Schriftsteller seine Arbeit ebenfalls mit Händen verrichtet, schreibt er: „Usa entonces mi mano una vez más, hermano mío,

---

[410] Übersetzt: „Gitarre im größten Duell". Der Text ist dem Booklet der CD entnommen.

[411] Auf die Unterstützung der bolivianischen Armee durch die US-Regierung wurde bereits hingewiesen.

[412] Übersetzt: „Ein Geschenk von Mister Dollar, um Deinen Bruder zu töten.".

[413] Übersetzt: „Aber sicherlich hast Du gelernt, kleiner bolivianischer Soldat, dass man seinen Bruder nicht verkauft, dass man seinen Bruder nicht umbringt."

[414] Übersetzt: „Nachricht an einen Bruder". Vgl.: Casa de las Americas: Che. Buenos Aires, 1986. S. 6.

de nada les habrá valido cortarte los dedos, de nada les habrá valido matarte y esconderte con sus torpes astucias. Toma, escribe: lo que me quede por decir y por hacer lo diré y lo haré siempre contigo a mi lado. Sólo asi tendrá sentido seguir viviendo."[415]

Wie kein anderer Text verdeutlicht dieser Text die emotionale Tiefe seiner Anteilnahme. Hierin zeigen sich auch die Hoffnungen, die in Che gesetzt wurden und werden. Und immer wieder die Ewigkeit, das Weiterleben, dieses mal in einer anderen Person, die den Weg Ches weitergeht und an seiner Stelle Partei ergreift.

e) Che als „hombre nuevo"

Mit der Thematik des „hombre nuevo" wird der Gedanke das Fortlebens Ches weitergeführt. Daniel Viglietti aus Uruguay geht explizit auf Ches Theorie des „hombre nuevo" in seinem Lied „Cancion del hombre nuevo"[416] ein. Dabei geht er auch auf die Metapher des Opfers ein, wenn auch nur indirekt. So heißt es: „Su sangre vendrá de todas las sangres, borrando los siglos del miedo y del hambre."[417] Mit dem Blut hat somit Che das Vorbild gegeben. Indem andere ihr Blut opfern wie er, wird sein Werk weitergeführt. Dies ist ähnlich dem Bild eines Bundes, wie etwa im christlichen Glauben, in dem das Blut Jesu den Bund mit Gott und Mensch besiegelt.

Auch hier steht der Mensch im Mittelpunkt, der mittels dieses Bundes seine neue Bestimmung erreichen kann, zum „hombre nuevo" zu werden. Viglietti singt: „tomemos la arcilla para el hombre nuevo."[418]

---

[415] Übersetzt: „Benutze einmal mehr meine Hand, mein Bruder. Es wird ihnen nichts nützen, dass sie Dir die Finger abhackten, es wird ihnen nichts nützen, dass sie Dich töteten und hinter plumpen Finten verstecken. Nimm, schreib: was mir zu sagen und zu tun bleibt, das werde ich immer mit Dir an meiner Seite sagen und tun. Nur so hat Weiterleben einen Sinn.".

[416] Übersetzt: „Lied des neuen Menschen". Der Liedtext stammt aus dem Booklet zur CD.

[417] Übersetzt: „Sein Blut wird aus dem Blut vieler kommen, die Jahrhunderte der Angst und des Hungers wegwischend.".

[418] Übersetzt: „Wir haben den Lehm für den neuen Menschen" (=sinngemäß: „Wir haben den Lehm, den neuen Menschen zu formen").

f) Che – "la esperanza"

Die bisher dargestellten Motive in der narrativen Verdichtung des Mythos "Che" lassen sich unter einem Gesichtspunkt erklären, dem der Hoffnung (= „la esperanza"). So ist in allen Liedern und Gedichten die Hoffnung Antrieb für die jeweilige Darstellung. Wenn also von Che als Ewigkeit, als Weg, als Bruder, oder als „hombre nuevo" die Rede ist, so verbindet sich damit immer eine Hoffnung. Exemplarisch ist dies in dem Lied „Che esperanza"[419] beschrieben, gesungen von Egon y las Arachanes.

Die Thematik wird veranschaulicht in Form eines Wiegenliedes, welches eine Großmutter ihrem Indioenkel vorsingt. Interessant ist hier die Betonung der Herkunft des Kindes, als „nino indio"[420]. Dabei fragt ängstlich das Enkelkind, aufgeschreckt durch Geräusche in der Nacht, „Abuelita, abuelita, quien es?"[421].

In der Antwort der Großmutter kommt all das zum Ausdruck, was in den Motiven der vorigen Lieder und Gedichte aufgezeigt wurde. Sie antwortet: „Es el llanto del viento, la caricia del alba. La esperanza mi nino, se llama Che Guevara! Es un hombre de lucha y pasión, el alma de la Revolución, el hombre nuevo, el hijo guerrillero, que siempre, siempre vivirá en mi cancion."[422] Abermals wird die Unsterblichkeit und ewige Gültigkeit Ches beschworen. Das Motiv der Morgendämmerung bestärkt dabei nur noch den Hoffnungsgedanken. Alle Hoffnungen ruhen damit letztlich in Che Guevara.

---

[419] Übersetzt: „Che Hoffnung". Auch hier entstammt der Liedtext des Booklets der CD.
[420] Übersetzt: „Indiokindchen".
[421] Übersetzt: „Großmütterchen, Großmütterchen, wer ist es?".
[422] Übersetzt: „Es ist das Weinen des Windes, die Zärtlichkeit der Morgendämmerung. Die Hoffnung, mein Kind, die sich Che Guevara nennt! Es ist ein Mann des Kampfes und der Leidenschaft, die Seele der Revolution, der neue Mensch, der Guerrillero Sohn, welcher immer, immer in meinem Lied leben wird."

10. Der Einfluss Ches auf politische und soziale Strömungen in Lateinamerika

Auch innerhalb politischer und sozialer Strömungen in Lateinamerika, ist der Einfluss Ches nach seinem Tode zu erkennen. Dies gilt insbesondere für die Strömungen Ende der sechziger, Anfang der siebziger Jahre, namentlich der Theologie und Philosophie der Befreiung, sowie die „dependencia-Theorien". Zwar beruft sich keine dieser Strömungen explizit auf Che Guevara, dennoch sei sein Einfluss hier vermerkt. In welchem Maße sich dieser Einfluss zeigte, ist schwer nachzuvollziehen, zumal Che Guevara nur ein Mosaikstück innerhalb der verschiedenen Einflüsse auf diese Strömungen darstellt. Im Interesse standen dabei vor allem seine theoretischen Schriften, insbesondere zum „hombre nuevo".

Interessant ist dabei, dass die Schriften Che Guevaras erst ziemlich spät in Lateinamerika rezipiert wurden. So hat sich die Soziologie und Politologie als Teilbereich der Wissenschaften in Lateinamerika stets stark an Europa orientiert. „Dies hatte zur Folge, dass die Schriften wichtiger lateinamerikanischer Politiker und Revolutionäre (Jóse Carlos Mariátegui, Raúl Haya de la Torre, Rómulo Betancourt, Ernesto Ché Guevara) verhältnismäßig spät und teilweise erst im Ausland aufgearbeitet wurden."[423]

Dies gilt für die theoretischen Schriften. Dennoch hatte Che – durch sein Werk und sein Vorbild – Einfluss auf diverse Strömungen in Lateinamerika. Man kann hier vor allem auf den Einfluss Ches in der *Theologie der Befreiung* hinweisen. Hier waren es in erster Linie die Schriften von Gustavo Gutiérrez, Leonardo Boff und Hugo Assmann, die Ideen von Che Guevara aufnahmen. Wie Werz schreibt, „werden [in ihren Schriften] bevorzugt die Erkenntnisse der lateinamerikanischen Sozialwissenschaften [...] und die Heilige Schrift in Beziehung zueinander gesetzt. Darüber hinaus fließen in die Texte Ideen [...] einzelner Theoretiker der Dritten Welt und Lateinamerikas ein (Fanon, Ché Guevara)".[424]

Es ist hier nicht möglich auf das Konzept der *Theologie der Befreiung* näher einzugehen. Es mag darum genügen festzuhalten, dass in ihrem Mittelpunkt die Unterdrückten und Armen standen. Somit galt sie als

---

[423] Werz, Nikolaus: Denken, 1991. S. 197.
[424] Ebd., S. 302.

„Option für die Armen". In diesem Kontext wurde dementsprechend auch über die Legitimität von Gewalt diskutiert. Che Guevara war vor allem vor diesem Hintergrund für die *Theologie der Befreiung* einflussgebend. Sein Konzept zum Aufbau einer neuen Gesellschaft mittels Gewalt[425] wurde verschiedentlich in eine *Theologie der Befreiung* mit eingearbeitet.[426] Die Idee einer *Theologie der Revolution* etwa wurde in diesem Zusammenhang entwickelt. So schreibt Hugo Assmann: „Es lässt sich nicht leugnen [...], dass Symbole des Aufstandes wie Camillo Torres, Che Guevara [...] heute auf das Gewissen vieler Christen einen starken Einfluss ausüben. Eine Theologie der Revolution findet hier für ihre Reflexion reiches Material."[427] Innerhalb dieser Reflexion befanden sich Christen im Zwiespalt „Gewalt vs. Gewaltlosigkeit". Walter Dirks hat dies in seinem Beitrag „King oder Che?" zum Ausdruck gebracht, indem er Martin Luther King und Che Guevara mit ihren Konzepten gegenüberstellt. Für ihn ist Che Guevaras Entscheidung für Gewalt durchaus sinnvoll. Denn, so Dirks, „er [Che Guevara; Anm. des Verfassers] bekennt sich – in absolutem Gegensatz zu Gandhi und King – zur Gewalt als zu einem Humanum, und zwar einem positiven völlig untragischen Humanum."[428] Und weiter, „er hat in sich selbst den Entschluss zum Kampf als die eigentliche Befreiung zum wahren Menschen erfahren. Wer nicht feige ist, kann sich dem Ernst dieser Erfahrung nicht entziehen."[429]

Es ist dieser Ernst, der Helder Camara, den Erzbischof aus Brasilien, bei einem Vortrag in Paris 1968, dazu bewegt zu bekennen: „Ich achte diejenigen, die sich im Gewissen verpflichtet fühlten, sich für die Gewalt zu entscheiden [...] die ihre Aufrichtigkeit mit dem Opfer ihres Lebens bewiesen haben. Meiner Meinung nach verdienen die Memoiren von Camilo Torres und Che Guevara ebensoviel Achtung wie die von Pastor Martin Luther King."[430]

Es spielt also auch hier wieder der Gedanke des Opfers eine Rolle, wie er bereits weiter oben dargelegt wurde. Opfer und Martyrium waren für viele

---

[425] Der „guerrillero" als Sozialreformer und Ausdruck des neuen Menschen.
[426] Exemplarisch steht hierfür der Priester Camillo Torres aus Kolumbien, der in den Untergrund ging, um für die Befreiung der Armen zu kämpfen.
[427] Assmann, Hugo: Situation, 1970. S. 248.
[428] Dirks, Walter: King, 1970. S. 213.
[429] Ebd., S. 214.
[430] Helder Camara: Gewalt, 1970. S. 267.

Christen in Lateinamerika Anreiz, dem Weg Ches zu folgen. So schreibt Fernando Mires, dass es kein Zufall war, „dass viele junge Christen sehr schnell die Reihen der Guerillaverbände auffüllten.".[431]

Diese Beispiel belegen, dass Che Guevara innerhalb der *Theologie der Befreiung* und ihren Diskussionen eine Rolle gespielt hat.

Doch auch die *Philosophie der Befreiung* sieht in Che Guevara ein Vorbild. Dabei spielt sich dieser Diskurs mehr auf der Ebene des Denkens, als auf der des aktiven Handelns ab. Hier bleibt Che Guevara lediglich Symbol, wie es Enrique Dussel hervorhebt: „Mahatma Gandhi, Patrice Lumumba und Ernesto Che Guevara stehen als Symbole für die Jugend der Welt; ohne Zögern treten diese Menschen für ihr Volk dem Tod gegenüber. [...] Nur der Mensch, der den Tod nicht fürchtet, wird schließlich gefürchtet. Der Mensch ist im Angesicht des Todes frei, der bereits vom Wohlstand frei ist, den der Bürger in den süßen Armen der Konsumgesellschaft genießt."[432]

11. Entmythologisierung und Vermarktung Che Guevaras

In den bisherigen Abschnitten zur Wirkungsgeschichte Che Guevaras, war überwiegend von den sechziger und siebziger Jahren die Rede. Wie verhält es sich aber mit den darauffolgenden Jahrzehnten?

Mit dem Scheitern der Guerillabewegungen sowie der Strömungen der Befreiungsbewegungen in Lateinamerika geriet auch Che Guevara und sein Werk in Vergessenheit.[433] Während sein Bild des „guerrillero heroico" weiterhin präsent war, geriet die Person „Che" und seine Ideen in den Hintergrund. Dies zeigt sehr schön eine Umfrage, welche unter Jugendlichen in Medellín, Kolumbien durchgeführt wurde. Ein Jugendlicher antwortete, nach Che gefragt, „das ist eine Werbung, die ich kenne, seit ich sieben bin. Mein Bruder hat sich den Che immer an sein Bett geklebt. Die Aufkleber konnte man damals für 100 Pesos in jedem Tante-Emma-Laden kaufen. Ich dachte immer, der Che wär ein Rocksänger, wegen der vielen

---

[431] Mires, Fernando: Symbol, 1997. S. 17.
[432] Dussel, Enrique: Philosophie, 1989. S. 81.
[433] Eine Ausnahme bildet nach wie vor Kuba.

Haare und dem Bart."[434] Mit dieser Vorstellung steht dieser Jugendliche jedoch nicht alleine da.[435]

Die Person „Che" rückte erst 1997 wieder in das öffentliche Interesse, als seine Gebeine dreißig Jahre nach seinem Tod exhumiert und nach Kuba überführt wurden. Doch auch hier scheint nicht mehr den Ideen das Interesse zu gelten, vielmehr hat sich ein Kult entwickelt, der mit dem ursprünglichen Mythos „Che" nichts mehr zu tun hat. Es lässt sich also eine Entmythologisierung feststellen. Dass der „Che" dennoch präsent ist, liegt vor allem an dem neuen Kult, der sich insbesondere an der Vermarktung Ches orientiert. Dabei spielen natürlich Elemente des ursprünglichen Mythos eine Rolle, etwa das „Korda-Foto", welches in Form von T-Shirts, Postern, Schlüsselanhängern, und dergleichen mehr, wiederfindet, oder auch der Tod Ches. Der Inhalt des Mythos ist jedoch verloren gegangen.

Beispielhaft für die Vermarktung Ches steht ein Projekt der bolivianischen Regierung: „die Regierung fördert Reiseveranstalter, die ´Che-Touren´ anbieten wie ´Auf den Spuren der Guerilla´ oder auf dem ´Weg des Che´."[436]

So sagte Denis Goldberg: „Che, der Urtyp des Revolutionärs, wurde nach seinem Tode auch dazu benutzt, das Konzept der Revolution zu entwürdigen.".[437] Es scheint paradox, doch hat sich der Mythos „Che" in das verwandelt, was Che Guevara zeit seines Lebens selbst bekämpft hat, in ein Marketingprodukt.

12. Die Kehrseite des Mythos - Kritik an der Person Che Guevaras

Abschließend soll noch einmal auf Kritik an der Person Che Guevara eingegangen werden. Dies jedoch nur in einem kurzen Rahmen. Die Kritik an seiner Person geht in viele Richtungen. Besonders kritisch gesehen wird

---

[434] Reis, Bettina: Rocksänger, 1997. S. 18.

[435] Dieser Umstand kann nicht nachgewiesen werden, er lässt sich lediglich in Lateinamerika beobachten. Zum Nachweis könnte zum Beispiel eine Umfrage durchgeführt werden, dazu war jedoch der Zeitansatz dieser Arbeit nicht ausreichend, so dass sich der Verfasser auf eigene Beobachtungen beruft.

[436] Geese, Astrid: Herzen, 1997. S. 39.

[437] Goldberg, Denis: Befreiung, 1998. S. 93.

seine Rolle im „paredon", also der Phase nach der siegreichen Revolution auf Kuba, in der er Kommandant der Festung La Habana war, und verantwortlich für die Erschießung hunderter Menschen. Dieser Kritikpunkt wird dem Mythos „Che" gegenüber immer wieder aufgegriffen. So scheint sein Verhalten während des „paredons" im Widerspruch zu seinen humanistischen Zielen zu stehen, die er immer wieder geäußert hat.

Doch Che selbst gibt seine Antwort auf die Kritik: „´Ja, ich weiß, dass ich Erschießungen durchgeführt habe. Aber das ist weniger abstoßend, als aus Gründen, die nur das private Leben betreffen, überwachen, verfolgen und verurteilen zu lassen.´".[438]

Che unterstellt damit seine Handlungen einem höherem Ziel, und verweist auf die Notwendigkeit dieser Handlung für das Allgemeinwohl, dem er sich verschrieben hat. Damit wird zugleich die Frage aufgeworfen, wie sie Eduardo Rabossi formuliert hat: „They had a very strong hand. The question is that, can a revolutionary government stay in power for a long time if you not have this quick strong weep on possible critical persons or oppositions?".[439]

Die Frage mag offen bleiben, denn es ist festzuhalten, dass auch diese Kritik dem Mythos „Che" nichts anhaben kann. Vielmehr ist der Mythos, weil irrational, jeglicher Kritik enthoben. Er ist in seinem Wesen stets positiv, lediglich die Sichtweise des Betrachters wertet ihn. Es kommt hinzu, dass diese Kritik sich sogar verstärkend auf den Mythos auswirkt, in der Form nämlich, dass sie Che Guevara nach wie vor im Licht eines Menschen, der genauso wie jeder andere fehlbar ist, erscheinen lässt. Dies macht Che umso mehr zum Vorbild, der Mythos findet hierin erst recht einen Grund zur Existenz. Er wandelt die Kritik ins Positive und ist ihr damit enthoben.

Dadurch, dass er der Kritik enthoben ist, wird der Mythos ewig sein. Lediglich das Vergessen kann ihm schaden.

---

[438] Vgl.: Massari, Roberto: Utopie, 1987. S. 290; zitiert nach: Oliver, Maria Rosa: "Solamente un testimonio", in: Casa de las Américas. Nr. 47. 1968.
[439] Rabossi, S. 172-173.

D. SCHLUSS

I. Zusammenfassung

Zum Ende der Diplomarbeit folgt im Anschluss eine kurze Zusammenfassung sowie ein Ausblick in Bezug auf den Mythos Che Guevara. So hat diese Arbeit, ausgehend von einem Mythentheorieteil, im ersten Abschnitt dargelegt, inwieweit Che Guevara als Mythos verstanden werden kann. Dabei ist dieser Mythos immer eingebettet in einen kulturtheoretischen Kontext, dessen Hintergrund Lateinamerika ist. Um also Ches Mythos, und das mythische Element seiner Wirkungsgeschichte verstehen zu können, muss zunächst einmal der lateinamerikanische Hintergrund verstanden werden. Dieser wurde in der Arbeit dargelegt. Ausgehend von der Problematik der Identitätssuche der lateinamerikanischen Völker, die sich manifestiert im Grundgedanken von „patria" und „pueblo" (Vaterland und Volk) findet sich auch Che Guevara und seine Wirkungsgeschichte in diesem Gesamtkontext wieder. Wichtig zur Beurteilung des mythischen Elementes ist vor allem die Heldentheorie, die, als Teil der Mythentheorie, ein Gerüst zum Erkennen des mythischen Elementes liefert. Wie sich jedoch die Heldentheorie als Teil in die Mythentheorie mit einfügt, so fügt sich auch das mythische Element Ches als Teil in einen gesamtmythischen Kontext Lateinamerikas ein. Dieser lateinamerikanische Mythos ist der Mythos einer eigenen Identität, auf deren Suche sich die lateinamerikanischen Völker nach wie vor befinden. In diesem Verständnis sah auch Che Guevara sich selbst, der mit seiner Losung „Patria o Muerte" (Vaterland oder Tod) diesen Weg für sich entschieden hatte. In dieser Formel drückt sich gleichsam die Alternative zwischen Identität und Nicht-Identität aus, welche für Lateinamerika so entscheidend ist. Damit ist Che Guevara typisch lateinamerikanisch, weil er sich bewusst auf der Suche nach Identität befand, zugleich jedoch aber auch ein atypischer Vertreter des Lateinamerikanischen, da er, wie wenige nur, den Weg in letzter Konsequenz auch gegangen ist.

Der Weg als Symbol des Aufbruchs, die Exodus-Erfahrung, wird hiermit zum entscheidenden Faktor. Er war es, der Che dazu führte, einen Sinn in seinem Tun zu finden. Zugleich war es dieser Weg, gegangen von Che, der ihn zum Mythos erhoben hat. Als Vorbild geht Che somit den Lateinamerikanern voran, ein Vorbild auf der Suche nach Identität. Hierbei ist zu bemerken, dass der jeweilige Weg sicherlich nicht vorgegeben werden kann.

Zu unterscheiden sind zum einen das mythische Element Ches, welches sich zu Lebzeiten, nicht zuletzt durch in selbst, aufgebaut hatte, und dasjenige seiner Wirkungsgeschichte nach seinem Tod. Während Che selbst seinen Mythos, insbesondere in seinen Schriften im „hombre nuevo" als Zentralelement förderte, ist die Wirkungsgeschichte Ches weniger auf diesen theoretischen Teil bezogen, als auf seine Person. Zwar hat die Person Che Guevara, wie bereits im zweiten Abschnitt dargestellt, sich bereits zeit seines Lebens bemüht, nach seinen selbst aufgestellten Grundsätzen zu leben, dennoch besteht sicher ein Unterschied zwischen der eschatologischen Mythologie des „hombre nuevo" und der Person Che Guevara selbst. Die Mythisierung seiner Person hat in der Zeit nach seinem Tod dazu geführt, dass seine Schriften und Gedanken in Vergessenheit gerieten, das heißt, sie wurden nicht weiter rezipiert. Die Folge davon war, dass der Mythos „Che" zwar lebt, jedoch ohne theoretischen Unterbau. Sein Mythos trat nach seinem Tod in den verschiedensten Formen in Lateinamerika auf.

Zu unterscheiden ist auch Kuba - hier wurde der Mythos vor allem staatlich gelenkt - und der Subkontinent Lateinamerika, in dem der Mythos sicher auch politische Funktionen ausübte, jedoch weniger staatlich gelenkt als aus dem Volk entspringend.

Gleichwie muss sein Mythos immer aus dem Mythos Lateinamerikas heraus verstanden werden. Die Frage, ob Che Guevara eine ähnliche Rolle eingenommen hat oder einnehmen könnte wie Simon Bolívar, bleibt hier offen. Sicherlich hat er diese Rolle für einige eingenommen. Entscheidend jedoch ist, dass er für Viele als Vorbild eines neuen Weges gilt, eines Weges der Befreiung zum einen und zur Erlangung einer Identität zum anderen. Dies war Che Guevara nur möglich aufgrund einer gewissen Offenheit, die er von sich aus mitbrachte. Diese Offenheit wiederum ermöglicht es vielen Gruppen, einen Zugang zu ihm zu finden. Das heißt: Che gilt nicht nur als Vorbild einer bestimmten Gruppe, sondern für viele Gruppen in Lateinamerika, die indigenen Völker, die Mittelschicht, aber auch für Offiziere, wie das Beispiel des Falkland-Krieges zeigt.[440]

---

[440] Rabossi, S. 166. (Die Falklandinseln werden in Argentinien als "las Malvinas" bezeichnet.)

Hat Che sich selbst als Soldat Amerikas bezeichnet, so wird er auch nach wie vor als solcher gesehen.

Nach seinem Tode hat der Mythos um Che die verschiedensten Strömungen beeinflußt, etwa die politisch-sozialen Strömungen der Dependenz-Theorie, oder die Theologie der Befreiung. Nicht zuletzt die Guerrilla-Bewegungen Lateinamerikas, die auch heute noch aktuell sind. Ches Mythos gilt somit als Hoffnungsträger für einen neuen Weg, einen Weg zur Identität Lateinamerikas. Dennoch muss zugleich festgehalten werden, dass diese Hoffnung mit dem Scheitern der Guerrilla-Bewegung, der Dependenz-Theorie, der Theologie der Befreiung, verloren gegangen ist, dass sein Mythos nicht verblasst ist, der Inhalt jedoch mehr und mehr in Vergessenheit geraten ist und heute hauptsächlich die Pop-Ikone Che Guevara existiert, von der auch in Lateinamerika kaum noch die wahre Bedeutung bekannt ist.

II. Ausblick

Wie also wird sich die Situation in Hinblick auf den Mythos Che Guevara ändern? Wird sein Mythos erneut aufleben oder wird er ganz in Vergessenheit geraten?

Die Arbeit hat dargelegt, dass der Mythos inzwischen primär als Pop-Ikone existiert und die Ideen Ches an Bedeutung verloren haben. Aber gerade an diesem Punkt setzen Politiker Lateinamerikas - insbesondere Kubas und Boliviens - an, indem sie, ausgehend vom Kult um Che, der insbesondere nach der Exhumierung seiner Gebeine 1997 erneut aufblühte, versuchen, seine Ideen wieder zu verbreiten. So sagt z.B. der Soziologe Paul Aranfbar aus La Paz: „ Wir nutzen die Kommerzialisierung des Che um die wirklichen Werte lebendig zu halten, und das (neu) entstandene Interesse dient uns als Katalysator, um den Leuten zu sagen, das Che Guevara in vielem Recht hatte."[441] Und in der Tat scheinen die Ideen Che Guevaras - und nicht nur Che Guevaras - lange nicht vergessen. Es scheint ein neues Aufleben dieser Ideen zu geben. Nach wie vor hat Lateinamerika keine

---

[441] Geese, Astrid: Herzen, 1997. S. 40.

Identität gefunden und die Rufe nach Veränderung und Reform werden lauter. Dies manifestiert sich in vielen Beispielen, nicht zuletzt an dem 1995 populär gewordenen Chiapas-Aufstand in Mexiko unter Subkomandante Marcos. Auch in der jüngsten Zeit regt sich wieder Kritik am US-Imperialismus, Kritik an der bestehenden Weltordnung - zu denken ist hier etwa an die G8-Gipfel - die sich auch Lateinamerika in seiner Identitätssuche zu Eigen macht. In diesem Zusammenhang kann Che Guevara als Mythos erneut relevant werden. Es kann dazu kommen, dass seine Theorien und Texte erneut rezipiert werden und wie sich feststellen lässt, erfahren die Dependenz-Theorien in der jüngsten Zeit wieder viel Zuspruch. Dieter Bennecke von der Konrad-Adenauer-Stiftung hat in seinem Bericht über das Weltsozialforum in Porto Alegre im Jahr 2001 die Frage aufgeworfen, ob die Dependenz-Theorien erneut relevant werden für Lateinamerika. Zumindest zeichnet sich ab, dass diese Theorien neuerlich rezipiert werden, dass sie in den 70er-Jahren in ihrem Denken nicht Zuende geführt wurden. Ob in diesem Zusammenhang Che Guevara als geistiger Vater der Revolution in Lateinamerika, so Bennecke, wieder Nachahmer finden kann, bleibt fraglich. Noch, so Bennecke, sei die Zeit dafür nicht reif.[442] Dennoch war auch im Jahre 2002 Che Guevara ein Symbol des Weltsozialforums in Porto Alegre. „Überall waren Bilder des Revolutionärs Ché Guevara zu sehen", schreibt die TAZ nach einem Reuters Bericht.[443] Und ein anderer Augenzeuge, ein Priester aus Italien schreibt: „Auf den T-Shirts, auch unserer Seminaristen, befand sich überwiegend das Abbild des bereits mythischen Che Guevara. [...]Wenn es notwenig ist, zu dem revolutionären Modell vor 35 Jahren zurückzukehren, bedeutet das -so glaube ich- zwei wichtige Dinge: Das erste ist, dass das dringende Bedürfnis empfunden wird, die unterdrückenden Strukturen auf der Welt radikal zu ändern, das zweite -das mich besorgt stimmt- ist, dass zeitgemäße Modelle, auf die man sich beziehen könnte, fehlen."[444] Und

---

[442] Benecke, Dieter: Porto Alegre: Ein Fanal der Sozialisten gegen die Globalisierung?. Online unter: http://www1.kas.de/publikationen/2001/laenderberichte/weltsozialforum_wr01-03.html, 07.08.2002.

[443] Globalisierung von oben und unten, in: TAZ, Nummer 6666, 02.02.2002, Seite 1. Online unter: http://www.taz.de/pt/2002/02/02/a0012.nf/text, 07.08.2002.

[444] Am Rande von Porto Alegre. Erfahrungsbericht und Überlegungen eines katholischen Priesters zu Argentinien und Porto Alegre. Übersetzung aus Granello di

Wolfgang Metzner schreibt: „Der Comandante, der auszog, Lateinamerika zu befreien, ist auferstanden".[445]

Diese Berichte zeigen sehr deutlich die Aktualität Ches, sei es auch, wie vermutet wurde, aufgrund mangelnder Alternativen.

Dies impliziert jedoch, dass bestimmte Strömungen wieder aufkeimen und zu diesen Strömungen zählt sicherlich auch der Geist Che Guevaras, der als eine mögliche Alternative für viele Lateinamerikaner als Vorbild gilt und hier wieder muss der gesamtlateinamerikanische Kontext betrachtet werden, besonders aus den Verhältnissen innerhalb des Subkontinentes heraus. Dabei ist es wichtig, dass Gewalt in der Form von Che Guevaras Theorie immer eine Lösung für viele Lateinamerikaner dargestellt hat und nach wie vor darstellt. Dennoch muss freilich differenziert werden: während etwa auf Kuba der Mythos Che sehr präsent ist und staatlich propagiert und gelenkt wird,[446] er also nicht als direkt aus dem Volke kommend angesehen werden kann, ist dies auf dem Subkontinent anders. Wenngleich hier sicher nicht die breite Masse den Mythos als Vorbild sieht, sind es doch einige, etwa die noch heute aktiven revolutionären Gruppen, die sich auf Che Guevara berufen.

Eine ganz andere Bewegung, die „madres de plaza de mayo"[447] sehen in Che auch heute noch einen Hoffnungsträger. So geben sie auf ihrer offiziellen Homepage bekannt, dass die neueren Bewegungen, wie etwa das Weltsozialforum Beweise dafür liefern, dass sich Ches Prophezeiungen erfüllt haben. Daher erachten sie es als notwendig, die Lehren Ches zu verstehen. "Comenzaremos a estudiar sistemáticamente el pensamiento, la vida, la obra, la historia y las proyecciones actuales del Che."[448]

Sabbia - Attac Italia -. Online unter: http://www.indymedia.de/2002/02/16429.shtml, 07.08.2002.

[445] Der Traum von Porto Alegre, in: Stern, Ausgabe 7/2002, Seite 42, ff. Online unter: http://weltsozialforum.org/2002.news/news.2002.7/, 07.08.2002.

[446] Rede Fidel Castros zum Geburtstag Maceos und Ches im Jahre 2002. Auch 35 Jahre nach Ches gibt Fidel die Losung aus „Wir werden alle sein wie Che!". Die Rede ist online unter: http://www.cuba-si.de/archiv/fidel02/fidel-020615.htm, 07.08.2002.

[447] Übersetzt: „Die Mütter der Plaza de Mayo". „Die Mütter der Plaza de Mayo" ist eine Bewegung in Argentinien, der Mütter angehören, die während der Militärdiktatur von 1976-82 ihre Söhne verloren haben. Sie fordern bis heute jeden Donnerstag vor dem Regierungsgebäude in Buenos Aires Rechenschaft über den Verbleib ihrer Kinder.

[448] Übersetzt: „Wir werden beginnen, systematisch das Denken, das Leben, das Werk, die Geschichte und die aktuellen Projektionen Ches zu erlernen." Online unter:

Dennoch muss darauf verwiesen werden, dass die Theorien Ches nur eine von vielen möglichen Theorien darstellt, denn, um zur endgültigen Identität zu gelangen und zu einer endgültigen Befreiung zu kommen, muss Lateinamerika in sich geschlossen diesen Kampf führen. Dies ist momentan noch nicht der Fall. So wurde gerade diese Utopie des geeinten Amerikas für Che Guevara zum Verhängnis und wie Dom Helder Camara bemerkt war der Irrtum Che Guevaras und Camilo Torres (den Helder Camara hier als Zweiten aufführt), „zu vergessen, dass eine Masse noch kein Volk ist. Es bedarf", so Helder Camara, „ einer langen, geduldigen Arbeit der Bewußtseinsbildung. Die Mehrheit der lateinamerikanischen Bevölkerung lebt in menschenunwürdigen Bedingungen; weil sie nicht wissen, wofür sie leben, wissen sie auch nicht, wofür sie sterben sollten."[449] Aus diesem Zitat heraus wird offensichtlich, wie wichtig die Identitätsfindung ist, zugleich liegt aber auch in ihr - zumindest im Weg den Che zu dieser Identitätsfindung beschritten hat - das Dilemma, nicht zu wissen, wofür man kämpft, wenn diese Identität noch nicht vorhanden ist. Für eine imaginäre Identität zu kämpfen, ist für die meisten nicht vorstellbar. Aufgrund dessen kann Che Guevaras Theorie nicht als allgemeingültig für Lateinamerika gelten. So lässt sich abschließend feststellen, das Che Guevara sich wohl bewusst war, seiner Zeit voraus zu sein, als er davon sprach, dass Lateinamerika sich auf einen langen Kampf vorbereiten muss und dass dieser Kampf womöglich Jahre, Jahrzehnte oder gar Jahrhunderte dauern könnte. Das er in diesem Kampf eine Vorbildrolle spielt, war im durchaus bewusst. So lebt sein Mythos auch heute noch in vielen Facetten: als Pop-Ikone, Wirtschaftsfaktor bei der Vermarktung von T-Shirts und Postern, Tourismusattraktion sowie als geistiger Vater der Guerrilla-Bewegungen.

Dabei gewinnt der Mythos vor allem dadurch an Bedeutung, dass er selbst versuchte, das Idealbild der „Hombre nuevo" zu leben. Seine Stärke lag darin, wie Eduardo Galeano schreibt: „das er ein seltsamer Typ war, der sagte, was er dachte, und tat, was er sagte".[450] Bis jedoch sein Traum in Erfüllung geht, der Traum eines geeinten Lateinamerikas, wird noch viel

---

http://www.madres.org/universidad/seminarios/cheguevara/020430invitac_y_programa.htm, 07.08.2002.

[449] Toulat, Jean: Camara, 1990. Seite 96.

[450] Galeano, Eduardo: Umarmungen, 1998. Seite 171.

Zeit vergehen. Ob, und inwiefern, der Mythos Che Guevaras noch eine Rolle spielt, kann schwerlich vorhergesagt werden.

So trifft zu, was Paco Ignacio Taibo II schrieb, dass Che „wie ein Grenzgänger ohne Visum und Paß, mitten auf einer Generationsbrücke" festsitzt, „zwischen jungen Leuten, die sehr wenig von ihm wissen, in ihm aber den großen Kommandanten und roten Großvater der Utopie erahnen, und der Generation der Sechziger, die zu spät kam bzw. bei der Verwirklichung des Projektes scheiterte [...], die aber der Ansicht ist, dass Che weiterhin den Herold einer lateinamerikanischen Revolution darstellt, die weiterhin absolut notwendig ist, wie unmöglich sie auch erscheinen mag".[451]

Wird sein Mythos weiterleben - „hasta la victoria siempre" - bis zum endgültigen Sieg, oder endgültig in Vergessenheit geraten?

---

[451] Taibo II, Paco Ignacio: 1997. Che, S. 7.

Anhang I: Karte von Lateinamerika

Anhang II: Bildnis Che Guevaras am Plaza de la Revolucion in Havanna
(aufgenommen von Sebastian Hergott, Kuba im März 2002)

Anhang III: Schein- und Münzgeld

Der abgebildete Scheine und die Münze befinden sich im Besitz des
Verfassers.

A 1: Che Guevara Münze aus Kuba

A 2: Der Drei-Peso-Schein mit dem Konterfei Ches (Vorderseite)

A 3: Der Drei-Peso-Schein von der Rückseite – Che beim
Zuckerrohrschneiden

Anhang IV: „Der tote Jesus"

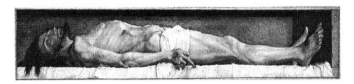

Das Bildnis Holbeins[452]

"Cristo muerto" von Mantegna[453]

---

[452] García, Fernando Diego; Sola, Óskar: Traum, 2003. S. 209.
[453] Ebd., S. 203.

Anhang V: Interview mit Eduardo Rabossi* (Buenos Aires, 06. März 2002)

Sebastian Hergott (SH) : Professor Rabossi, I would like to talk to you today about my thesis on Che Guevara and also about Latin America and Human Rights. And I´m very thankful that you are taking your time, and I would like to ask you some questions. First of all I would like to start with a question that I believe, it is very difficult to write about a topic that is coming from another cultural background. So, in this sense, if I´m taking my view from Germany, I will already have a certain point of view, and it will be difficult probably for me to find the exact view which is coming from Latin America. But my thesis wants to find out about this certain view, not about the European view. So in this sense I want to talk with you about your ideas, your opinions, your view, because it´s important for me not to make the mistake in taking my view to Latin America and fail on that. So I would however talk about, let´s say my view that I have on Latin America, and maybe you could say if it´s like this, or not. In my opinion, as I see Latin America, the history of Latin America probably started around 1492, the "counted history" of course. And since then it was always a struggle for independence I guess. I believe that this struggle for independence of the Latin American countries might also be a search for identity, a search for identity in knowing where to go. Because first they tried to free themselves from colonization, and after that they tried to free themselves from imperialism, from the United States, and this is actually also – it continues to go on in what Che Guevara did. But would you consider this kind of struggle of the Latin American countries to be a struggle in the search for identity, or would you say they have an identity?

Eduardo Rabossi (ER): Well, it´s a good question. First of all one has to be very careful with using Latin America as sort of a general name to cover what are perhaps deep and strong differences between countries. It´s like talking about Europe. Obviously one can talk about a European culture, and it´s true, there is something like Europe. Today it´s even more evident that there is a European community, etc. But on the other hand, obviously

France is not Germany, and Germany is not England. And I think that the same happens in Latin America. Although we have this common background that you mentioned, Spanish colonialism, which was a very peculiar one, very different from the English imperialism. And in the American colonies, the situation was completely different. So, when the independet wars started, I think that there was a feeling that in that time there was something like Latin America. Mexico probably was an exception. But from Panama down to the South there were even some patriots that used the expression "United States of the South". The big main idea was to try to constitute that sort of country, like the United States. But in fact, what happened was that different places more or less related to the Spanish way of distinguishing [...][454] to constitute different countries. This is the first point.

And, to talk about Latin American identity one has to be careful about this. Argentina for instance, like Uruguay, the Southern part of Brazil, the Central part of Chile, we are countries with no important native background. So, there were countries that, as you know, by the end of the 19th century, received a strong wave of immigration. And as you can see, Argentina is [...][455] - that is we have obviously natives and descendants from the natives. But in general our population is mostly European, of European origin, or Middle East origin, etc. It´s a mixture. And that makes an important difference when you take into account for instance Peru, or Bolivia, or even Paraguay, which are mostly based on native communities. And where the European descendants are minorities. So, that makes an important difference. So the question about identity is a question that has a different sense for a Peruvian than for an Argentinian, or an Urugayen, or even a Chilian, or even a Brazilian from the Southern part of Brazil. As you probably know there is a strong German community, a strong Japanese community, a strong Italian community, etc. – all that much up to the North of Brazil. So this is the first point.

I think that if we use Latin America in the sense that we have a common heritage, there is a point in maintaining this, too, on the other hand. Because we have a common language, we have a common religion, how strong our religion feelings might be, however catholicism is the majority

---

[454] Text ist nicht verständlich bei Track 2, 1:08.
[455] Text ist nicht verständlich bei Track 2, 2:04.

religion, this is another point. And, probably the sort of problems, that we inherited from the past. There is a difficulty constituting our nations as nation states. This is in fact what we fought in the 19th century and this is what we are still fighting today. To constitute real truly state nations or nation states. And, as you also mentioned, a change from the influence of Europe on our culture, and the influence of the United States, that started in the 19th century, but what was much more evident after the First World War, and obvious, and absolutely obvious after the Second World War. And this is a problem that we have all the time, to deal with these two influences and the big influence of the United States. So, within this panorama, this situation, this context, as I say, on the one hand, there are good arguments to say that there is not such a thing as a homogenious country that you call Latin America, and that looks for it´s identity.

On the other hand, there are elements that have to be taken into account as heritage, common language, religion, problems that are common to us, vis a vis other countries, and vis a vis other main countries, like the United States, or European community today for instance. So, this is a first comment on your question.

Now, perhaps or, this is where Che Guevara comes into the story, perhaps a moment in which in different countries particularly in Argentina, in Urugay, in Chile, to certain extend in Brazil, not so much in Peru or Bolivia, in the sixties, we have a sort of, as you know, we somehow introduce the Paris student revolte, the German student revolte, the American student revolte, and for several reasons that are very interesting to discuss, as you know, there started several guerilla movements in these countries, which were very strong. The ideology that was belonging to these movements was an ideology that sometimes confused, sometimes mixed up with different elements, nationalism on one hand, socialism on the other, but that was a moment, in which lots of people thought that there was a point in fighting, fighting in the literal sense of war. The discurs at this time was favouring some kind of Latin American war. And that was the moment, when the Cuban revolution had an important influence, as you also know, on the reaction of the governments in Argentina, in Urugay, in Chile. But again, in each country, this sort of actions and reactions were peculiar to the country. This is something also to be taken into account.

I don´t know if you know this, I´ve been a member of the National Committee for the Dissapeared, and then I was Secretary for the Human Rights, so I was somehow involved in this tradition of the past. And, in one of the things I try, not to study, but I try to know more about all this actions and reactions. The are very peculiar in each country. The Armed Forces in Argentina reacted in a way that was very different to the Uruguayens, and the Brazilians and the Chilians. The Chilians had their own problems, well Allende won the elections, that was an extraordinary thing, a candidate with a more than socialist programm could win an election, and be legal and legitimate president of a country. And you have in Brazil also different things with C. Pargas, the parallel here is Peron and Peronism. But then you have this movement here of communism or communist officers in the army, which was quite peculiar, we don´t have this here. In fact the Argentinian army was an army which has been influenced very much by the catholic church on the one hand, and I would say, sort of conservative ideology, to put it nicely. In Uruguay it´s more or less the same as in Argentina. So, the second point is this: is that even in this moment in which some sort of movement tried to, well to produce the revolution, or using a language that caused or pointed up to a certain [...][456]. Even at that time there were peculiarities on each of our countries.

SH: Ok, if we stick for a moment with this Latin American society. We call it Latin American society – of course I´m aware of the fact that you can´t speak of Latin America in one piece because it´s to heterogen. We start in Mexico and it goes down all the way to Tierra del Fuego – so in that way it´s just to diverse to talk about it as one piece. But, as I said, from the outside it looks like there are some – let´s say tries, to at least establish a kind of Latin American society. It started with the liberation movements, Simon Bolivar, San Martin. They tried to – Bolivar tried to establish a society, with founding a kingdom of Peru y of Columbia. It continues, you might probably know the book by Jose Enrique Rodo, "Ariel", in which he wrote something about an approach for the youth to find a new way, a new identity for Latin America. And I guess, also in this influence we see Che Guevara, who tried to establish his society. And, as he always said himself, that the Cuban revolution for him was always important also for Latin

---

[456] Text ist nicht verständlich bei Track 5, 1:22.

America. So he didn't see a difference in between that, and he wanted to bring the revolution to Bolivia and Argentina – and we both know that he failed. So, my question now is: is it possible to create a society like this, if you try to create them from the outside, or does it have to come from inside. I read this article of yours, "On being sane in the midst of madmen", where you were talking about the fact that societies are created by man. So, in this way, I'm aksing you if it's possible to create a society by taking something from the outside, and put it on this region?

ER: Well, you know, it's always possible. In fact, when one studies, how societies became a nation state, in a sense – by the outside you do not mean by an external force?

SH: No, not an external force.

ER: So the outside, let's define what outside means. If outside means that you are somehow imposing – by their own inhabitants for example – imposing a way of organizing society, well, I would say in my reading that most of the European countries have been built up or constructed from the outside. This is imposing. Germany is a typical example. I'm writing now on some philosophy on how the Germans invented this [...][457] - How Germans by the end of the 18th / 19th century by the foundation of the Berlin university created the basis of what we now call philosophy. But let's leave this topic aside.

Following this thesis, I started studying German history. And again, one could say, that in 1871, when Wilhelm I. Was named emperor of Germany, in fact it was a typicall imposition of a regime on a number former principalities, kingdoms, etc, etc. So, I would say yes, because this is the way in which for instance Argentina was build up. But I would say in a sense – I mean the following question is – does this way of creating a nation or country whatever – keeps fruits, leads to a permanent establiment of national identity, and this is a different question.

In all this countries there was a time, in Argentina it was in the 1850's, 1860's, 1870's, where first constitution was imposed, it was a central government. And the government has to fight out several caudillos – as you probably now, etc, etc. - until they took hold on the control of the country. So, in a sense it was from the outside, where they were creating the country. And that is the reason why we have such extraordinary and very interesting laws concerning public education. Public education was absolutely necessary as a way of creating the idea of a common heritage, the idea of – you know – writing a history that is telling a story of how we were together from the very beginning, etc, etc. But then the question is how far this leads to the real establishment of a nation or a country. I think for instance in the case of Argentina, that we are still – we have a country, we have a territory, we have a population, but I doubt if we are talking about a real identification – a deep identification. All of us are concerning a common project, a common nation, etc. So, in this sense, my answer would be yes. Because historically I think, as far as I know, most of the countries, perhaps the United States is in a sense – I wouldn't say an exception – but the United States is very peculiar. They way in which they built up this country, very peculiar, very interesting, very extraordinary. Out of the ordinary. But in Europe like in Latin America you have more or less the same process. The process in which history reaches a point in which it is necessary to build up that thing. And you just start imposing the language, the history, you tell the history, you produce a sort of common project, and as you probably listened to our politicians, people claim that we do not have a common project, etc. The point to me, the interesting point to investigate or to work on is, how far we reach, we are reaching, we already reach this point in which you could say yes, this is really a nation. For instance, you could go to Peru – I've been to Peru many years ago, but actually I was astonished when I learned that in a population of 20 million – by that time there were 20 million people – there were eight million indians that did not speak spanish. Eight million. And if you track down this figures, well there are elements to think that perhaps we need still a time in building up these nationalities in the strong sense of the word.

SH: Yes. It seems to me that it's probably exactly this point that it is a matter of time. How long do you need to build up this identity, this nation, this state maybe…

Text ist nicht verständlich bei Track 6, 1:44.

ER: May I interrupt you – so this idea of a revolution – I´m referring to Che Guevara, and the movements in the sixties and seventies, it was precisely – again, as I understand them – to try to, well a new way of organizing these countries. As far as I know, noone spoke of erasing the frontiers. And to again to impose a new way of organizing economy, politics and the constitutional basis or whatever. This is the same problem.

SH: So, in this way, would you say that Che Guevara was recepted well in Latin America? Or not? Because as I talked to people here, they said he didn´t really have a big importance on Latin America, and from what I know, he did have a lot of importance to the world outside, in Europe, for example, you talked about the Student revoltes in Paris, in Germany, and he was used as a symbol, of course. But did he have influence with his works in Latin America, other than the Guerilla movements that referred to him?

ER: I think so. I think that – well, cocerning with Che we have to distinguish the times, in which, well, you probably now better than I – the story of him going to different countries, until he finally lands in Cuba and meets Castro and starts his career. Up to this point I supposse Che Guevara was absolutely unknown outside his relatives, friends, and some – perhaps some small groups related. So the Che starts to become important to us. First, of course as sort of, well you know, he is an Argentinian, he is an Argentinian guy. He is important, he is a nice fellow. And I guess it´s a interesting history. We started to know about Che, when the Cuban revolution took over power and Che started to appear as a second man in command of Castro. Then, at least in my case, I can´t generalize this, all the discussions concerning how to interpret and how to take the Cuban revolution to further development, this was known to us, afterwards, I mean when the Che was assasinated, then the stories concerning the discussions and why he decided to leave the governemt, to leave his positions in Cuba and to come to Bolivia, always a sort of suicide, because the whole thing was [...][458] - as you probably know, there was a time in which he visited Argentina officialy, from these times, that produce a headache to the Armed Forces officers, because the Che had been here.

They met in Punta del Este. But I think that up to that time the figure of the Che was a – he was reactionary, it was a very interesting, attractive, extraordinary figure, I mean a man that was belonging to a certain social level in Argentina, a medical doctor, that decides even in Argentina to make up his profession to pay off. Not so much in sort of money – so, his figure is attractive, it´s interesting, etc.

Leaving aside his ideas, which for many people – unless you are an absolute reactionary, what other, what feeling can you have other than sympathy, attraction, etc. Now this is different again after his death. After his death, then for many people, especially the young people, he became a sort of a hero, a martyr, a person that gave his life because of his cause – whatever it was. This is another interesting point. Whatever the cause was. Many people even read his political speeches and political writings, but the people was his point. And in this sense I admire him. He is quite an example in this sense. And, the back of the lines – many army officers have a tremendous [...][459]. For instance in the Malvinas war many - we had many officers of this hand. So, it´s the figure that produces this sort of thing. And obviously the young people have an absolute attraction on him. [...][460]. What else can you have than a poster of Che Guevara in your room?

But the interesting thing is that it doesn't exactly takes into account the precise political ideas of the Che. But the meaning of his life – I think that this is a interesting point to me – a young fellow that has a poster of Guevara in his room admires his life. Probably if you ask him if he read Che Guevara, what was his discussion with Fidel Castro, wether to pay a higher salary, or whatever, he doesn´t know nothing about it. This was the first to the influence of the Cuban revolution ideology to this group. [...][461]

SH: This is true. In this way you are right, it´s a big fraction between his ideas, his political writings, his political actions, and his – well, the myth that came out of it in the end. So this is actually what I tried to find out. If there is a way in which his ideas or political writings influenced maybe somewhat Latin America or the countries in Latin America. Because I

---

[458] Text ist unverständlich bei Track 9, 2:18.
[459] Text ist unverständlich bei Track 10, 1:35.
[460] Text ist unverständlich bei Track 10, 2:00.
[461] Text ist unverständlich bei Track 11, 0:10.

guess it's true that it's probably only the myth that was built up after his death. And I believe – well this has to be proofed – but I believe that he himself built up the myth by the way he lived his life already. And I guess he was pretty aware of this fact because he mentioned it a couple of times when he was writing to his kids, to his parents – and I also believe that probably Fidel Castro abused him, in a way you could say abuse, after his death, to obtain his power, to build up this myth much more, because as you might know, the cildren in Cuban schools still say "we want to be like Che Guevara". And this was fourty, fifty years ago already. So, it's still present, and it's probably still build up from outside.

ER: When you go to Cuba, I've been to Cuba once, and in talking to common people when you say that you are Argentinian, it's like you are going to Columbia and say you are Argentinian. In Columbia they say Carlos Gardel, the tango singer, in Cuba they say Castro – sorry, Che. It's something that even, leaving aside what Castro could have made of his figure, I think that even before that, Che has a strong feeling, I mean that Cubans have a strong feeling to our Castro, I mean to our Che. Che was a figure that had in important impact in the Cuban society, alive, within all his comments in the Cuban government during the revolution. So, this is also a point. But you are right. At present there is a kind of myth.

SH: Maybe two points to that. Because, first of all I believe that it's true that he was probably the one, well you could not say that he had more impact, but he was probably the one who influenced Fidel Castro as well, and Fidel Castro was the one in front. So, it's very interesting to see that. It's like Fidel was probably like a puppet on a string, if you could say it this way. And this is one point. And the other point is that I would be interested to know if maybe not Che himself, but a figure like Che is still, let's say important for the present. We see the process now in Argentina for example, we see what is happening now, and it seems to me, once again I have to say from the outside of course, because I don't know the inside feelings - I talk to people, but this is just a short glance that I can get, so it seems to me from the outside, that people in Argentina, maybe if I could extend it, somewhat in Latin America, are kind of - well they don't really react in the way that they do something, they go out in the streets, they use their…

ER: …"cacerolla"….

SH: … exactly, but they still kind of, it seems to me that they are kind of waiting for a strong man, kind of a saviour maybe, how is going to help them to get out of this misery. And, you have this very popular song here, which I heard in Argentina last year quite a lot, when I was walking through the streets, which is called "Solo le pido a dios". And this is kind of – for me at least, showing this attitude, to say ok, we hope and pray, it will get better someday. But there is no action in this way. So Che was probably soemone who was stepping out of this crowd, in the way that he was trying to really do something, to push things forward. Would you say, consider a person like him to be important nowadays, or not?

ER: If he were alive and living in Argentina? – Well, of course he would, of course. The problem with – I'm being critical about the way we are behaving, in which we Argentinians behave and have been behaving, in the last sixty, seventies years. And you are right, that there is a tendency to believe that a saviour can save the country from misery or whatever. However I think that things have been changing very much in Argentina. At least that is what I would like to think. I think that – in Argentina as you know, from 1930 to 1983, that is 53 years, comings and goings of military governments, civilian governments with low popularity or with problems concerning elections, etc. Then people were tired of the civilians and claimed for the military and military came to the power. After a time they were tired of the military, claimed for elections – and this lasted for exactly 53 years. Now in 1983, I mean the coming back of the democracy in Argentina is produced after, I would say the worst thing that could happen to a military government on power, that is to fail, on the economic level. Absolutely. They tried to build up a certain market economy and they failed. They failed strongly in solving social problems […][462]. And finally started this crazy thing, "las malvinas". And if you as an army officer are going to read something that really makes us ashame, try to get, I don´t know how, probably you can get a glimpse to the legal actions that were started by the state – concerning military responsibilities in the malvinas. You can´t imagine an army or army officers – listen, I´m not generalizing because I have in my family some army officers, and they are right people, but the generals, the admirals, they people that were commanding, the commanding officers, they can´t wrong. So, the crackning terminal crisis of the armed forces was of such an extend, that democracy came as a sort of natural thing. And the people, the civil society, I think for the first time, realized that this was the end of matter, I don´t say never again, but somehow this was [...][463].

And, up to now, we have sixteen years of – at least formarly of democracy working, a democratic system working, formarly, we have elections, the elections power clean, we respect who wins the elections, and even in this term of process that we are now in, I´d say that the political parties and the political class behave in a rather civilized way. Because – well, they try to arrange the province good warrant.

Now, how about the people? Do they expect some saviour like Che Guevara? I´m not quite so sure, I´m not quite so sure. I think that, what really makes me afraid at present is that this sort of – I think that we have reached a point in which there are no ideologies working – people that go outside with the cacerollas, if you listen to what they claim for – they claim for different things, etc, etc. – they do not want interventions in any political party, they critize politicians, political parties, etc. – and you can not take part in democracry without political parties and politicians. So, I think that this is a very complicated thing at present. And who knows what the results of the elections will be. Because this is a game – I don´t know how it going to happen. But however, I think at present there is a sort of general sceptical mood in the society that covers everything, politicians, clergy men, armed forces officers, etc. – and you have this very peculiar army officers, like "Sini I Din"[464] . Have you heard about him?

SH: No, I haven´t.

---

[462] Text ist unverständlich bei Track 13, 1:22.
[463] Text ist unverständlich bei Track 14, 0:02.
[464] Schreibweise des Namens des Offiziers nicht bekannt!

ER: Well, this is a man, well his last name – as you noticed, is [...]⁴⁶⁵ arabic background, strong catholic. And he commanded sort of – he was related to president Menem, before Menem was president. And then, when Menem got into power, there where some dealings that apparently Menem didn't accomplish. So, he commanded sort of military appeaval, that was crashed, and Menem send him – well, there was a trial and he was send into prison for many many years. He is now in "campo de mayo". But he is producing at present very peculiar statements concerning – and then comes that ideology, that probably fits what you are suggesting – the ideology, that he is a person – as an officer, a very honest man. He took the salary he got as an army office, he never took advantage – he has the presentation of a honest man with deep strong religious feelings and certain ideas of how a person or saviour can save a country. And he is making statements – not every day – but he is allowed to produce certain statements, etc, etc. But I'm not – I wouldn't say that Sini I Din could get – I'm not making a parallel with Che Guevara – please – but I'm saying well, this idea of a saviour that you are suggesting would fit today. I'm not quite sure. Because for this you would need people that are not sceptic about human beings and politicians, etc. And I think in the present Argentina there is a extraordinary way of scepticism of everything, about everything. And one feels that way. I'm not sceptical by definition. But well, I save for many years my savings I gave to the bank, I always refused to put the money outside the country – because I'm Argentinian, I put the money here. And then, all of a sudden, all my savings – I won't say they are gone, but who knows where they are – when I can get them back – well the natural reaction to this is to start to talk sceptically about your fellows, your polticians, the army, the church, whatever. And that is the reason why there are very few – at present two or three polticians that can walk in the streets without being afraid of being insulted, etc. And there are people like – for instance Carrio⁴⁶⁶ - a socialist man, a noone – who can go to the cacerollas as noone. Because he was selling things in the streets before getting his position in the represantative house. So in this sense I would say that – however you have to take into account that Che Guevara not came into power as a consequence of elections, and that is important. Because who knows what would be a Che

⁴⁶⁵ Wort unverständlich bei Track 14, 2:41.
⁴⁶⁶ Schreibweise des Namens des Politikers nicht bekannt!

Guevara – you know, adressing, in a country with political parties, adressing multitudes. What could have been his cause, his speeches, his sayings in this situation. That's a interesting point. That Che Guevara what sort of speeches could produce? Revolution – when you get scepticism, revolution is nothing. You need many people with certain ideals, strong ideals – and convinced that the can follow a leader and produce a better situation. If you have a multitude of sceptical people about everything, it is difficult in saying of the possibility of a success of a man talking. Probably I'm wrong, I'd like to be wrong – not to be wrong, not to be wrong. Because I never been in favor of following leaders or persons – but I think, well I wouldn't say I didn't, but you have to have an ideology – a good ideology – something that can be applied be anyone with force and aid, etc.

SH: Well, I guess it's difficult to say how he would do here – in a democratic system – because, I would say he would probably fail. But you can never say. It's probably always a matter of time, a matter of circumstances. – He himself believed that you don't need that much of a number of people in order to take over a country and make a revolution. He said that you only need a little foco, somewhere, and then it will work. But as we know now, it didn't work on Bolivia, and it didn't work in Congo – he went to Congo aswell...

ER: ... but focism, as I understand it, it was a sort of strategy, concerning the way in which you could finally wipe away the country. It was a strategy for that.

SH: It was a strategy, which he wrote down for sure. But it was also his idea how to overthrow a country. So in this way, I think at least in Congo and Bolivia, his ideas failed and a lot of people that tried to recept him afterwards said that it was only possible in Cuba. Because Cuba was a certain circumstance – something different.
I would like to talk about something different related to that. You were talking about the sympathy for Che Guevara which might be there – which is also maybe concerning to a saviour, but I think the sympathy might also very often be directed to a different way. Because the sympathy is build up by the myth of Che Guevara, by the ideal that he was a good man, a man of

soul and heart. And he himself always said a revolutionary needs to feel love in order to make a revolution. And of course this is – I wouldn´t say it´s wrong – it´s probably right, and of course we know that in a revolution you will have victims and dead people. But I´m kind of worried about his role after – oh well, still in the revolution, but after the overtook power, there was this "paredon", were he obviously executed a lot of people. So in this way it´s kind of a fraction - let´s say in his personality. A fraction in the way that he said you need to feel love, you need to have all these good feelings, but he executed the people. So, it could only be explained in the way that he was very radical in his ideas, and that he wanted very radical to install the system. So I would like to ask you how you feel about this – and this is going into the direction of human rights because I want to ask you about human rights aswell. So, how can you combine this – his ideals and human rights and feeling love for people when you – after you took the power and you captured....

ER: Well, I think this is a problem, this is a common problem to anyone that leads a revolutionary movement. I think that you are – once you are convinced, of your ideals, and your convinced that you – I mean if you manage that your ideas will suceed. Then that is an addition. Once you are convinced that you have the truth and what you are seeing is the truth, it´s almost a consequence that once you find either people or situations in general that could somehow put a [...]⁴⁶⁷ realization of this idea, motto, whatever – well I think that almost it follows be necessity, that you have to push hard to obtain the power. And that is the reason why I say that I prefer much more a democratic system with all it´s problems and all the time you have to wait perhaps to achieve political changes. Then this crucial situation where all of a sudden you want to change the world. So the paredon in fact is always an - I wouldn´t say a necessity because it´s not so, but it´s almost a necessary consequence of this situation. It happened in Nicaragua, it happened in Africa – you heard about this. It happened in Europe, I mean – you studied how the Italian and the French managed up to the Second World War the [...]⁴⁶⁸. - You know in Italia almost, there are no figures, but almost 30.000 – 40.000 people and the same in France were

---

⁴⁶⁷ Text ist unverständlich bei Track 18, 0:40.
⁴⁶⁸ Text ist unverständlich bei Track 18, 2:03.

either killed or killed or condemned by extraordinary courts. It was not paredon, but more or less, after the Second World War. And this is one way of dealing with the problem of the past. You just open the cage and you leave people – in Belgium the same – you leave people to take justice by their own hands or produce such sort of courts that in a very quick way either sentence people to death, to prison, etc. And – so there are situations in which even people agree to these sort of things – what I was saying before – when you are the leader of this, then obviuosly it's almost natural to think that this is the correct thing to do. But that's the reason why I'm not quite in favour of saviours and this sort of imposing ideals in that way. Because I think it's almost natural – I think it's almost a consequence that you can not avoid – that you can not avoid. There are situations in which people produce these sort of killings. And to be frank, although I think Cuba at present is not one of the countries that are really violating the system of the human rights – and I'm very critical about the position of the Argentinian government – and to change our position. But at that time, when the revolution set up in government and started to reorganize the island, etc, etc. – obviously there were huge violations, and also the political prisoners, there were thousands or at least many many hundreds of people without trials just kept in prison for years. They had a very strong hand. The question is that, can a revolutionary government stay in power for along time if you not have this quick strong wcep on possible critical persons or oppositions or just people like [...]⁴⁶⁹ that straight away went to fight Castro. By the way, at that time there are no records of a systematic kill of people – they just kept them in prison, etc. But, but to me – what we are talking about – the idea of favouring Che Guevara – it's not so much of a good man – as I would say my father, your father, or some good friends that we have, are good persons – are just, was a person that had strong ideals, and managed to reach a situation in which he could somehow impose this ideals. Obviously he lived a life in which he did things of which you could say what an excellent person it is. He went to a hospital and tried to get together with people – you know you can get illnesses ect. – you don't care very much about your life and you just try to help them, well this is like Mother Theresa. You know, this is extraordinary. This doesn't mean necessarily that he is a good person in the same sense that I

---

⁴⁶⁹ Text ist unverständlich bei Track 19, 2:04.

would friends are. A person with strong ideals, a person with strong decisions. And when you make strong decisions in power, sometimes they are this sort of thing. I'm not justifying them, of course not. I'm saying that this is the reason why I prefer different systems.

SH: I guess it's right, but I think it's kind of ironic, that exactly with this paredon he did these things which he actually wanted to vanish in the other system. So his ideal was a totally different one – to make a revolution for the people, to be a saviour, well maybe not in this term, but to be a good person in order to help people like he did as a doctor. And then, well of course he was very radical, he was very idealistic, so in this way he probably had to use this force. It was probably different in Argentina in this military dictatorship from 1976-83.

And I would like to ask you something about the human rights now because I think it's very interesting. And, as I said, I only read one article about this that you wrote – you spoke about human rights culture. I'm not exactly sure if I got it right, but as far as I can say, I think you were talking about the point that human rights, at least foundationalism of human rights is outmoded nowadays. So that you don't need, to put it in other words maybe, that you don't need to – please correct me if I'm wrong, to proof or say ok, the human rights we have because we are all descendants from god, etc. So in this way I would say it's quite an interesting idea, and I would also say – it's difficult to explain this – because I like to believe you very much, but I feel that nowadays, the world today it's not easy to establish this idea, to say we have the human rights, we don't need a proof of that. And I'm not sure if I can use this term, but maybe you could say that these human rights we are talking about – we have them qua intuition. Intuition, can I say that? – That if I talk to someone and look into his eyes, be seeing him I can say that he has human rights. So, I don't need a proof. I would personally agree on that, but reality shows something different. So, if I see this problem, I told you I'm a naval officer, but I'm naval officer for a certain reason. I'm probably also kind of idealistic, but I also see reality. So I would say I'm a idealistic realist. To see that the world is not like this. So, in this way I would like to ask you, how do you imagine these human rights to be established or come true, if you don't have the prooves that were made – in your idea?

ER: Well, when I critize human rights, what I call foundationalism, these foundings of the human rights either on the dictates of reason, as you say, or from god, or whatever – I was critizing philosophical doctrine. A doctrine that somehow has managed to enter, in the positive way, in the state of human rights. If you read article one of the Universal Declaration of Human Rights, obviously it says that every human being has these rights. And the question is, how it is, that every human really has these human rights? What does it mean? Well, probably you are a foundationalist – [...][470] - Now the interesting thing is that these arguments are not new. These arguments come from the very beginning European philosophers talking about human rights – about natural rights, natural rights. That is Locke, Rousseau, even Kant. And then that's the reason why I say these are [...][471] – at that time, when they were talking about natural rights, they were trying to give a foundation to what we now call democracy or even try to justify what we now call the power of the states, democratic states or whatever. To produce this explanation of foundation, they just inevented the idea that we – each of us, as a human being – and then, what we define a human being is a very interesting problem because slaves for instance weren't human beings at that time – then they invented this theory – I mean, well, there is no possible thesis of going outside in the world and picking up human beings and trying to find out wether or not they have human rights. This statement that we make was invented in that time – it was called natural rights because it was a fact of nature, of our origin of nature – and ok, I mean this idea came together with the idea of the state of nature, we live in a state of nature, which could produce freedom, complete freedom – but at the same time there was a terrible situation. So these are all concepts invented at that time.

My point is that foundationalists of human rights are using exactly the same arguments. Obviously one might say – oh, why not. And my answer is because after the Second World War, we are not living the times of the post Glorious Revolution in England, or the problems that led finally to the French Revolution in France, or certain facts that led to the American Revolution in America. We are living in the second half – by the time that I

---

[470] Text ist unverständlich bei Track 21, 2:22.
[471] Text ist unverständlich bei Track 21, 2:58.

wrote this paper – of the 20th century, after the Second World War, after Nazism, after so many things, that a new situation was created – this is my point. A situation by which the natural way in which Grotius, Pfufendorf and company built up a theory on how the states could relate to each other – international law, was very much changed by the creation of supernational institutions, United Nations, at that time the European Community, the European Union, the InterAmerican system - that is supernational system that produce these conventions. Human rights are written in international conventions. And the states that, as you know, recognize these conventions, put them into the international system and become from this very moment – become responsible in front of the international community for the respect of these rights. So my point is that this is a complete different situation. And to use the same arguments, and even to think that what we call now human rights, are what they were calling natural rights, is an extension of – as you would say, an actor in Perikles or [...][472] times in Greece and an actor today representing a skill, - well, they are actors – to be acting in Greece at these times, was a complete different thing than acting – not the acting itself, but the role and the context, etc. – so that is the reason why I'm insisting so much in viewing the human rights as cultural products of our age. In this sense I must confess, if I'm going to be coherent with my ideas, well in the future what we now call human rights, might absolutely change. But my thesis, or my reply to these possible arguments – is that they have changed in the past. By the end of the 19th century, to think that every person has a right to receive education did not exist – even in most European countries. It did not exist, it was not a right for a person to receive education from the state. And now we have this as a human right – as a right for every person to get – either from the state or from private sources, a level of education that could allow him at least to develop minimal abilities or whatever, intelligence or whatever. I mean this is new. Equality – you have even in Europe, Switzerland, do they have – I don't know if they have the right for women to vote at present...

SH: Yes, some...

---

[472] Text ist unverständlich bei Track 23, 1:08.

ER: …some cantons. Obviously to get rights is something that is absolutely influenced by the common politics in each country. But these extraordinary – so what is interesting – and to me the, historical speaking, absolutely new event in the world is the creation of human rights through supernational bodies. That´s what makes the talk of human rights absolutely different to the talks about human rights in the past. And that is the reason why I say – when you start using the same arguments of Locke, Kant, etc. – you are using outmoded arguments. Or you are having viewed on this already. Now, your point about – and how about the war and what is going on today. – Well, this is a very difficult problem because I tell you – I think that the only ideology – after the collaps of the Soviet Union and the collaps – sooner or later – of this market economy and democracy associated to market economy, etc. – the only available ideology that at least I find in the world is what I call "human rights ideology". This is something which I not accord with Rorty – because he keeps thinking in human rights as small contextual fights who are trying to reduce, as he says, cruelty in the world. No, I think – and I could be very wrong in this – I think that is the reason why democracy can somehow help to lessen the impact of these violations. But, the human rights movement is a political movement. When you get into, what we call the kitchen – the "cocina" – that is what is the cook behind the stage of human rights, in international bodies – well what you see are countries, claiming for their own interest. It´s very difficult to find situations in which – well, everyone has a common idea, etc. – So you have had the influence of hegemonian countries, like the Soviet Union and the United States – when you studied the international behaviour of these countries, when you studied, you find that they behaved exactly in the same way – because they were hegemonian countries. They did not sign international conventions – they were outside. But they used it politically, etc, etc. And then you have no-hegemonian countries. A good question is wether you and your European countries together are willing to work or not – I think that they are willing to – again as a new hegemonial country in the world. Then you have these supernational institutions like NATO, etc., that interfere in all this political world that is so complicated. For instance to me it´s depressing to see how this situation in Afghanistan went on as a sort of American affair – and maybe some European countries, with no intervention of the United

Nations. Because one of the reasons is, as you know, the security council keeps this strange – not a strange, but human solution that the five countries that won the Second World War have permanent seats in the security council, and have the right to veto. And, the United States probably were afraid that the Russians would veto - so as it happened with some actions in Africa, etc. That's the way the world is done. And that's the way we human beings are. The question is how to build up, on what we have already, a better supernational society. And try to build up this in the future. I think that is the only solution.

Question: Do you think that we will reach a point in which human rights will flourish all over the world? – No, by no means. This is just a sort of "ideal situation", that as concept we can use it – you know that famous phrase, expression by Kant: [...][473] Do you think that peace will reach a point in which we will live in a peacefull world? No, well no. But let's use, as Kant suggested, the idea of universal peace. We have this idea, probably we can make advances here and there and produce – but that's it. For instance in Argentina – the very idea of human rights and intervention of the human rights "InterAmerican Commission for Human Rights", was very crucial [...][474] – but the story why the human rights commission in Geneva never sent or asked permission to the military governmet finding a comission in Argentina, but they asked Pinocchet to send one to Chile – well, because our military government – our best client at that time was Russia. We were selling cereals, meat, wine – and some of the machinery [...][475]- here in Argentina is Russian machinery of that time. And we have some [...][476] – well, that's reality. And I always say to my students, if you talk about human rights, only as if you were in a way of idealism, etc. – you have to keep clear that this is an ideal situation that you are fighting for. But you have to know about politics, about the situation and you have to know how to deal with it. The same in every way of life. You say – well, I have ideals. Of course I'm sure you have ideals of what an armed force officer has to be. And what a armed force is supposed to be. And you are right on these ideas. Now, when you start to know what your superiors are

---

[473] Text ist unverständlich bei Track 26, 0:58.
[474] Text ist unverständlich bei Track 26, 1:43.
[475] Text ist unverständlich bei Track 26, 2:35.
[476] Text ist unverständlich bei Track 26, 2:43.

– the weaknesses of human beings, [...][477] – that's the world. And human rights is something that comes from human beings and is supposed to be applied to human beings, so that's my point to say it's a cultural, it's a historical, we are living now in this age....[478]

---

*Prof. Rabossi ist Präsident der SADAF (Sociedad Argentina de Análisis Filosófico), und lehrt an der Universität zu Buenos Aires. (UBA) Er ist darüber hinaus für das Ministerium für Bildung und Wissenschaft tätig, in dem, dem Ministerium zugeordneten Ausschuss CONICET (Consejo Nacional de Investigaciones Científicas y Técnicas). Nach der Militärjunta von 1976-83 gehörte er dem exklusiven Kreis der „Nunca mas"-Komission, unter Leitung Ernesto Sabatos, an, welche die Greueltaten des Militärregimes aufdeckte. Prof. Rabossi gilt als Menschenrechtsexperte, der sich gegen eine Begründung von Menschenrechten ausspricht, da er diese als – historisch – gegeben sieht. Er prägte den Begriff „Menschenrechtskultur".

–

Der Mitschnitt des Interviews ist beim Verfasser (Sebastian Hergott) als MiniDisc aufbewahrt. Die Aufnahmezeit beträgt 80:59 Minuten, und ist in 27 Tracks unterteilt.

---

[477] Text ist unverständlich bei Track 27, 1:12.
[478] Hier endet die Aufnahme des Interviews, da die maximale Aufnahmezeit überschritten wurde. Die restlichen Minuten konnten nicht mehr mitgeschnitten werden. Ich habe in dieser Zeit, nach den Ausführungen Prof. Rabossis, ihm für seine Zeit und Geduld gedankt.

Anhang VI: Interview mit Froilán González Garcia* (Havanna, 14. März 2002)

Sebastian Hergott (SH): Señor González García, cómo puede Che Guevara, como argentino, tener tanta influencia sobre Cuba?

Froilán González Garcia (FGG): Sobre Cuba?

SH: Si.

FGG: Mira, por eso te decía de la importancia de los libros, porque si tú te remites a la vida de él y ves cómo llegó a Mexico, cómo conoció a Fiel en casa de María Antonia, cómo conoció a María Antonia, como conoce el proyecto de venir a liberar Cuba, que estaba en aquel momento bajo una feroz dictadura de Fulgencio Batista, cómo viene en el Gramma, todas sus acciones en la Sierra Maestra, empieza a ganar prestigio y autoridad dentro de Cuba. Y si sigues la ruta de él en la batalla de Santa Clara, la toma de la fortaleza de la Cabaña y los cargos que ocupó, perfectamente te das cuenta y tienes la respuesta a esa pregunta.

SH: Bueno. Y cuál es la relevancia de su pensamiento para Latinoamérica?

FGG: Es de total vigencia, como lo es el de Martí, lo es de Fidel, de que los pueblos de Latinoamérica tienen que ser pueblos libres. Y que no pueden estar dominados por el imperialismo norteamericano, por el Fondo Monetario Internacional, por todos estos organismos. Que ves pasar en Argentina en este momento: un país rico, de una cantidad de recursos, está ahogándose, y mientras existan injusticias, desigualdades, explotación, pobreza, las ideas por un mundo mejor no pierden actualidad.

SH: Y fue su lucha una búsqueda de identidad para Latinoamérica?

FGG: Sí, yo creo que sí. Su lucha fue precisamente para que Latinoamérica sea Latinoamérica.

SH: En qué sentido?

FGG: En el sentido de reencontrarse a sí mismo y de apreciar sus propios valores y de luchar para construir ese mundo mejor.

SH: Cómo se imaginó el "hombre nuevo" y por qué nunca se pudo llevar a cabo?

FGG: Yo creo que sí se ha llevado a cabo. Por lo menos aquí sí. Y en otros países también. Creo que tú mismo puedes ser un ejemplo de ello. Por qué a ti te interesa averiguar la vida del Che? Por qué?

SH: Por qué? Porque es un, como se dice... un camino que es muy interesante y una vida que es muy interesante para...

FGG: Entender?

SH: Sí.

FGG: Si. Puedes ser uno de ellos, tú.

SH: Si, también.

FGG: Y en Cuba hay, muchos. Médicos que van a prestar su servicio a cambio de nada, a cambio tal vez de la sonrisa, voluntariamente. En América Latina, en Guatemala, El Salvador.

SH: Bueno. Cómo se construye el mito alrededor del Che?

FGG: Bueno. Al Che lo mataron. Cometieron un grave error con matarlo porque no se mata ningún prisionero. Eso tú lo sabes: las normas de la guerra son así, se respetan. Y a él lo asesinaron y después que lo asesinaron, le cortaron las manos. Eso es algo verdaderamente cruel e injusto. Y en torno a eso comenzó a tejerse toda esa leyenda de hacerlo aparecer como un mito y no como un hombre real que luchó por tratar de cambiar toda la miseria y toda la explotación de América Latina y lo transformaron en un mito para plantearlo como algo inalcanzable, algo no real, cuando es posible. De diferentes maneras es posible parecerse a él.

SH: Fue el mismo Che quien hizo un mito alrededor suyo?

FGG: No, no, eso ha sido fabricado.

SH: Fabricado... porque hay algunos escritos que dicen que es un mito alrededor suyo... Y otra pregunta: fue su mito abusado por Fidel para su política?

FGG: No, no creo.

SH: No?

FGG: No.

SH: Ok. No tengo más preguntas. Muchas gracias.

---

*Froilán González Garcia ist profunder Che-Kenner und Biograph. Zusammen mit seiner Frau, Adys Cupull, hat er zahlreiche Bücher über Che veröffentlicht. Er lebt in Havanna, Kuba.

Literaturverzeichnis

A. Benutzte Texte von Ernesto Che Guevara:

Guevara, Ernesto Che
[Abschiedsbrief], in: Sonntag, Heinz Rudolf (Hrsg.): Che Guevara und die Revolution. S. 49-50. Frankfurt am Main, 39.-45. tausend,1970.

Guevara, Ernesto Che
Abschiedsbrief an die [Eltern], in: Materialien zur Revolution in Reden, Aufsätzen, Briefen von Fidel Castro, Che Guevara, Regis Debray. S. 13-15. Darmstadt, 1968.

Guevara, Ernesto Che
Alte [Denkweisen] überwinden (Rede an die Arbeiterklasse am14. Juni1960), in: Gross, Horst-Eckart (Hrsg.): Der neue Mensch: Entwürfe für das Leben in der Zukunft. S. 37-48. Bonn, 3. Auflage, 1997. (AusgewählteWerke in Einzelausgaben/ Ernesto Che Guevara; Bd. 6)

Guevara, Ernesto Che
Der [Guerillakrieg], in: ders.: Guerilla – Theorie und Methode. Sämtliche Schriften zur Guerilla. Werke in zwei Bänden. Band 2. S. 20-124. Berlin, 11.-12.Tausend, 1972.

Guevara, Ernesto Che
Der [Sozialismus] und der Mensch in Kuba, in: Gross, Horst-Eckart (Hrsg.): Der neue Mensch: Entwürfe für das Leben in der Zukunft. S. 14-37. Bonn, 3. Auflage, 1997. (Ausgewählte Werke in Einzelausgaben/ Ernesto Che Guevara; Bd. 6)

Guevara, Ernesto Che
[Gesang auf Fidel], in: Materialien zur Revolution in Reden, Aufsätzen, Briefen von Fidel Castro, Che Guevara, Regis Debray. S. 11-12. Darmstadt, 1968.

Guevara, Ernesto Che
Guerillakrieg: eine [Methode], in: ders.: Guerilla – Theorie und Methode. Sämtliche Schriften zur Guerilla. Werke in zwei Bänden. Band 2. S. 124-143. Berlin, 11.-12.Tausend, 1972.

Guevara, Ernesto Che
[Kuba] – historischer Einzelfall oder Vorposten im Kampf gegen den Kolonialismus?, in: Papcke, Sven G. (IIrsg.): Ernesto Che Guevara. Brandstiftung oder neuer Friede? Reden und Aufsätze. S. 93-107. Hamburg, 46.-50. tausend, 1972.

Guevara, Ernesto Che
[Latinoamericana]. Tagebuch einer Motorradreise 1951/52. Köln, 3. Auflage, 1998.
Guevara, Ernesto Che
Was ist ein „[Guerillero]"?, in: ders.: Guerilla – Theorie und Methode. Sämtliche Schriften zur Guerilla. Werke in zwei Bänden. Band 2. S. 16-20. Berlin, 11.-12.Tausend, 1972.

B. Sekundärliteratur:

Abellán, José Luis
Die [Identifikation] Amerikas, in: Feest, Christian: Gold und Macht. Spanien in der Neuen Welt. S. 113-116. Rosenheim, 1987.
Anderson, John Lee
[Che]. Die Biographie. München, 3. Auflage, 2001.
Assmann, Hugo
Die [Situation] der unterentwickelt gehaltenen Länder als Ort einer Theologie der Revolution, in: Feil, Ernst; Weth, Rudolf: Diskussion zur „Theologie der Revolution". S. 218-248. München, 2. Auflage, 1970.
Associated Press
[Che] felt betrayed by Castro, Bolivian officer claims. La Paz, 30. April 1998.

Barthes, Roland
Mythen des [Alltags]. Frankfurt, 1992.
Brenner, Peter J.
[Kulturanthropologie] und Kulturhermeneutik: Grundlagen interkulturellen Verstehens. Paderborn 1999. (Reihe: Paderborner Universitätsreden, Nummer 69)

Campbell, Joseph
Der [Heros] in tausend Gestalten. Frankfurt, 1953.
Cardenal, Ernesto
Kubanisches [Tagebuch]. Bericht von einer Reise. Gütersloh, 3. Auflage, 1980.

Casa de las Americas
[Che]. Buenos Aires, 1986.

Cassirer, Ernst
Vom [Mythus] des Staates. Zürich, 1949.

Castaneda, Jorge G.
[Che Guevara]. Biographie. Frankfurt am Main, 1998.

Castro, Fidel
Über [Che Guevara], in: Vesper Bernward (Hrsg.): Voltaire Flugschrift, Nr. 16. München, 1967.

Castro, Raul; Guevara, Ernesto Che
Die [Eroberung] der Hoffnung. Tagebücher aus der kubanischen Guerilla. Dezember 1956 bis Februar 1957. Bad Honnef, 1997.

Cupull, Adys; González Froilán
Che aus der [Menge]. La Habana, 1997.

Die [Deklarationen] von La Habana
in: Adler, Gerhard: Revolutionäres Lateinamerika. Eine Dokumentation. S. 19-29. Paderborn, 1970.

Dirks, Walter
[King] oder Che?, in: Feil, Ernst; Weth, Rudolf: Diskussion zur „Theologie der Revolution". S. 205-218. München, 2. Auflage, 1970.

Dörner, Andreas
[Politischer Mythos] und Symbolische Politik. Sinnstiftung durch symbolische Formen am Beispiel des Hermannsmythos. Opladen, 1995. Zugleich: Essen, Univ.Diss., 1994.

Dussel, Enrique
[Philosophie] der Befreiung. Hamburg, 1989.

Ebon, Martin
Che: The making of a [legend]. New York, 1969.

Edelman, Murray
Politik als [Ritual]. Die symbolische Funktion staatlicher Institutionen und politischen Handelns. Frankfurt 1976.

Escobar, Reynaldo
Der Che lebt – aber welcher? Das [Jahr] des Che in Cuba, in: Che – 30 Jahre Mythos. S. 15-17. Bonn, 1997. (ILA, Zeitschrift der Informationsstelle Lateinamerika, Nr. 209)

Gambini, Hugo
El Che Guevara. La [biografia]. Buenos Aires, 1996.

Galeano, Eduardo
Che Guevara – The [Bolivar] of our time?, in: Monthly Review, Vol. 12, No. 10. S. 34-42. New York, 1986.

Galeano, Eduardo
Das Buch der [Umarmungen]. Zürich, 1998.

Gallardo, Sara
[Färbung] und Gewebe, in: Meyer-Clason, Curt (Hrsg.): Lateinamerikaner über Europa. Seite 142-158. Frankfurt 1987.

García, Fernando Diego; Sola, Óscar
Che. [Sueño] Rebelde. Madrid, 1997.

García, Fernando Diego; Sola, Óscar
Che. Der [Traum] des Rebellen. Leipzig, 4. Aufl. 2003.

García Márquez, Gabriel
Der [General] in seinem Labyrinth. Köln, 1989.

Garrido, Luis Javier
Der Kampf der [Zapatisten]: Ches Erbe oder revolutionärer Neuanfang, in: Das Buch zur internationalen Che Guevara Konferenz. S. 51-62. Berlin, 1998.

Geese, Astrid
Den Che trägt man im [Herzen]. Über die Funktionen des Mythos Che Guevara in Bolivien und Kuba, in: iz3w, Nr. 225. S. 39-40. Freiburg, 1997.

Gevers, Jessica
Die letzte [Reise] des Che. Mit den sieben Särgen unterwegs nach Santa Clara, in: Lateinamerika Nachrichten 282, Dezember 1997. S. 23-26.

Geyer, Carl-Friedrich
[Mythos]. Formen – Beispiele – Deutungen. München, 1996.

Goldberg, Denis
Kuba und die südafrikanische [Befreiung], Che Guevara, ein romantischer Held, in: Das Buch zur internationalen Che Guevara Konferenz. S. 91-103. Berlin, 1998.

Guevara Lynch, Ernesto
Aquí va un [soldado] de América. El itinerario político y humano del Che en reveladora correspondencia íntima. Barcelona, 2000.

Guevara Lynch, Ernesto
Mein [Sohn] Che. Hamburg, 1986.

Gugenberger, Eduard; Schweidlenka, Roman
Die Fäden der [Nornen]. Zur Macht der Mythen in politischen Bewegungen. Wien 1993.

Gross, Horst-Eckart (Hrsg.)

Der neue Mensch: [Entwürfe] für das Leben in der Zukunft. Bonn, 3. Auflage, 1997. (Ausgewählte Werke in Einzelausgaben/ Ernesto Che Guevara; Bd. 6)

Hart Dávalos, Armando
Che und die neuen [Herausforderungen] an das sozialistische Denken, in: Das Buch zur internationalen Che Guevara Konferenz. S. 23-35. Berlin, 1998.

Helder Camara
Ist [Gewalt] der einzige Weg?, in: Feil, Ernst; Weth, Rudolf: Diskussion zur „Theologie der Revolution". S. 260-269. München, 2. Auflage, 1970.

Hetmann, Frederik
„[Solidarität] ist die Zärtlichkeit der Völker". Die Lebensgeschichte des Ernesto Che Guevara. Weinheim, 1999.

Heuermann, Hartmut
[Medienkultur] und Mythen. Regressive Tendenzen im Fortschritt der Moderne. Hamburg 1994.

Holtz, Eckhard-Uwe
Einige Aspekte des [Menschenbildes] Ernesto Che Guevaras, in: Das Buch zur internationalen Che Guevara Konferenz. S. 75-85. Berlin, 1998.

Hook, Sidney
Der [Held] in der Geschichte. Eine Untersuchung seiner Grenzen und Möglichkeiten. Nürnberg, 1951.

Icaza, Jorge
[Huasipungo]. Unser kleines Stückchen Erde. Bornheim-Merten, 1981.

James, Daniel
Che Guevara. [Mythos] und Wahrheit eines Revolutionärs. München, 3. Auflage, 1997.

Jamme, Christoph
[Geschichten] und Geschichte. Mythos in Mythenloser Gesellschaft. Antrittsvorlesung an der Friedrich-Schiller-Universität Jena am 28.11.1997. Erlangen; Jena 1997. (Jenaer philosophische Vorträge und Studien; 22)

Kalfon, Pierre
Che. Ernesto Guevara, una [leyenda] de nuestro siglo. Barcelona, 1997.

Kertzer, David I.
[Rituals], politics, and power. New Haven, 1988.

König, Hans-Joachim
[Lateinamerika]: Zum Problem einer eigenen Identität. Regensburg, 1991. (Eichstätter Hochschulreden; 79) S. 22.

Korff, Gottfried
[Personenkult] und Kultpersonen. Bemerkungen zur profanen „Heiligenverehrung" im 20. Jahrhundert, in: Kerber, Walter (Hrsg.): Personenkult und Heiligenverehrung. S. 157-212. München, 1997.

Kunzle, David
Che Guevara. [Icon], myth, and message. Los Angeles, 1997.

Löwy, Michael
Che's revolutionary [humanism], in: Monthly Review, Vol. 49, No. 5. S. 1-8. New York, 1997.

Luther, Eric
The [Life] and work of Che Guevara. Indianapolis, 2001. (Series Critical Lives)

Maldonado Castellanos, Armando
Che – eher lebendig als tot. [Erfahrungen] eines guatemaltekischen Guerilleros, in: Che – 30Jahre Mythos. S. 13-14. Bonn, 1997. (ILA, Zeitschrift der Informationsstelle Lateinamerika, Nr. 209)

Martí, José
Nuestra [América]. Caracas 1977.

Martí, José
[Unser Amerika]., in: Dill, Hans-Otto: José Martí. Mit Feder und Machete. Gedichte, Prosaschriften, Tagebuchaufzeichnungen. Seiten 60-72. Berlin, 1974.

Massari, Roberto
Che Guevara. Politik und [Utopie]. Das politische und philosophische Denken Ernesto Che Guevaras. Frankfurt am Main, 1987.

Matthes, Joachim; Schütze, Fritz
Zur Einführung: [Alltagswissen], Interaktion und Gesellschaftliche Wirklichkeit, in: Arbeitsgruppe Bielefelder Soziologen (Hrsg.): Alltagswissen, Interaktion und Gesellschaftliche Wirklichkeit. Band

1, Symbolischer Interaktionismus und Ethnomethodologie. Seiten
11-54. Hamburg, 4. Auflage 1978.

May, Elmar
   [Che Guevara]. Hamburg, 20. Auflage, April 2001. (Reihe Rowohlts
   Monographien 50207)
Mires, Fernando
   Che als [Symbol] des Widerspruchs, in: Che – 30 Jahre Mythos. S.
   17. Bonn, 1997. (ILA, Zeitschrift der Informationsstelle
   Lateinamerika, Nr. 209)
Münkler, Herfried
   [Politische Bilder], Politik der Metaphern. Frankfurt am Main, 1994.
Münkler, Herfried
   [Siegfrieden], in: ders.; Storch, Wolfgang (Hrsg.): Siegfrieden.
   Politik mit einem deutschen Mythos. Berlin, 1988.

Otto, Walter F.
   Die [Sprache] als Mythos, in: Kerényi, Karl (Hrsg.): Die Eröffnung
   des Zugangs zum Mythos. Ein Lesebuch. S. 279-290. Darmstadt, 2.
   unveränderte Auflage, 1976. (Wege der Forschung, Band XX)

Pachman, Ludek
   Che, die [Revolution] und die Befreiungstheologie, in: Criticón, No.
   88. München, 1985. S. 82.
Patzelt, Werner J.
   Grundlagen der [Ethnomethodologie]. Theorie, Empirie und
   politikwissenschaftlicher Nutzen einer Soziologie des Alltags.
   München 1997.

Radkau Garcia, Verena
   Zu den [Schwierigkeiten] lateinamerikanischer Gesellschaften im
   Umgang mit der Differenz., in: Radkau Garcia, Verena; Pérez Siller,
   Javier (Hrsg.): Identitäten – Mythen – Rituale. Beispiele zum
   Umgang mit der Nation aus Lateinamerika und Spanien. S. 7-21.
   Hannover, 1998. (Studien zur internationalen Schulbuchforschung,
   Band 98) S. 8-9.
Reis, Bettina
   Ein [Rocksänger] mit Rauschebart. Jugendliche in Medellín und ihre
   Vorstellungen vom Che, in: Che – 30 Jahre Mythos. S. 18. Bonn,

1997. (ILA, Zeitschrift der Informationsstelle Lateinamerika, Nr. 209)

Retamar, Roberto Fernández
[Kaliban] – Kannibale. Essays zur Kultur Lateinamerikas. München, 1988.
Rodó, José Enrique
[Ariel]. Mainz, 1994.
Ruiz, Gabriel Jaime
El Che no murio en [Bolivia]. Lima, 1970.

Schmitz, Manfred
[Märchen], Mythen und Symbole in massenmedialer Inszenierung. Zur Veränderung der Inhalte politischer Kommunikation, in: Zeitschrift für Medienkritik. S. 46-50. Berlin, 1996. (Jahrgang 26, Nummer 2)
Schnibben, Cordt
Der [Schatz] des Ché, in: Der Spiegel, Jg. 38 (1996), S. 126-150.
Speth, Rudolf
[Nation] und Revolution. Politische Mythen im 19. Jahrhundert. Opladen 2000.

Taibo II, Paco Ignacio
[Che]. Die Biographie des Ernesto Guevara. Hamburg, 1997.
Toulat, Jean
Helder [Camara]: Zeichen der Hoffnung und Stein des Anstoßes. München, 1990.
Tovar Zambrano, Bernardo
Die [Macht] der Toten. Das Vaterland und seine Mythen in der Geschichte Kolumbiens., in: Radkau Garcia, Verena; Pérez Siller, Javier (Hrsg.): Identitäten – Mythen – Rituale. Beispiele zum Umgang mit der Nation aus Lateinamerika und Spanien. S. 7-21. Hannover, 1998. (Studien zur internationalen Schulbuchforschung, Band 98) S. 37.

Velazco, Isaac
Das Volk in Peru folgt kämpfend den [Spuren] Ches, in: Das Buch zur internationalen Che Guevara Konferenz. S. 85-91. Berlin, 1998. S. 85.

Walzer, Michael
 [Exodus] and Revolution. New York, 1985.

Werz, Nikolaus
 Das neue politische und sozialwissenschaftliche [Denken] in
 Lateinamerika. Freiburg 1991 (Freiburger Beiträge zur Entwicklung
 und Politik, 8).

Zea, Leopoldo
 [Warum Lateinamerika?] Aachen, 1994. (Concordia Reihe
 Monographien, Bd.11)

C. Internetrecherche:

Die offiziele Seite zum schwedischen Film „Sacrificio":
www.sacrificio.nu, 09.07.2002.

Zur Explosion des Schiffes *La Coubre*:
http://www.cubagob.cu/otras_info/minfar/coubre.htm, 09.07.2002.

Zur weiteren Information über die EZLN : www.ezln.org, 10.07.2002.

Zur weiteren Information über die FSLN: www.fsln-nicaragua.com,
10.07.2002.

Die Auflistung der terroristischen Gruppen nach der US-Regierung, online
unter den Seiten der Bibliothek der Naval Postgraduate School:
http://library.nps.navy.mil/home/tgp/tgpndx.htm, 10.07.2002.

Der Text zu „Hasta siempre" von Carlos Puebla ist online abrufbar unter:
http://www.stormpages.com/marting/carlospuebla.htm, 11.07.2002.

Das Gedicht „Consternados, rabiosos" von Benedetti ist online unter:
http://www.stormpages.com/marting/mario.htm, 11.07.2002.

Das Lied „La senda está trazada" von Viglietti ist online unter: http://www.atame.org/d/daniel_viglietti/la_senda_esta_trazada.shtml, 11.07.02.

Berichte vom Weltsozialforum finden sich online unter: http://www.taz.de/pt/2002/02/02/a0012.nf/text, 07.08.2002. http://www.indymedia.de/2002/02/16429.shtml, 07.08.2002. http://weltsozialforum.org/2002.news/news.2002.7/, 07.08.2002.

Die Rede Fidels zum Geburtstag Ches und Maceos 2002 ist online unter: http://www.cuba-si.de/archiv/fidel02/fidel-020615.htm, 07.08.2002.

D. Weitere Medien:

Es wurden neben den Büchern, Zeitschriften und Internetseiten auch folgende Medien verwendet:

„El Che vive! 1967-97" – Audio CD-Compilation mit 16 Liedtiteln. (Herausgeber unbekannt)
"Sacrificio" – DVD-Film von Erik Gandini und Tarik Saleh, Schweden, 2000.